Jan Geißler

Lotus-Notes als Werkzeug für das Knowledge Manage

Bibliografische Information der Deutschen Nationalbibliothek:

Bibliografische Information der Deutschen Nationalbibliothek: Die Deutsche Bibliothek verzeichnet diese Publikation in der Deutschen Nationalbibliografie; detaillierte bibliografische Daten sind im Internet über http://dnb.d-nb.de/ abrufbar.

Copyright © 1998 Diplomica Verlag GmbH
Druck und Bindung: Books on Demand GmbH, Norderstedt Germany
ISBN: 9783838610528

http://www.diplom.de/e-book/216944/lotus-notes-als-werkzeug-fuer-das-knowledge-management

Jan Geißler

Lotus-Notes als Werkzeug für das Knowledge Management

Diplom.de

Jan Geißler

Lotus-Notes als Werkzeug für das Knowledge Management

Diplomarbeit
an der Universität Regensburg
Mai 1998 Abgabe

Diplomarbeiten Agentur
Dipl. Kfm. Dipl. Hdl. Björn Bedey
Dipl. Wi.-Ing. Martin Haschke
und Guido Meyer GbR

Hermannstal 119 k
22119 Hamburg

agentur@diplom.de
www.diplom.de

ID 1052
Geißler, Jan: Lotus-Notes als Werkzeug für das Knowledge Management / Jan Geißler -
Hamburg: Diplomarbeiten Agentur, 1998
Zugl.: Regensburg, Universität, Diplom, 1998

Dipl. Kfm. Dipl. Hdl. Björn Bedey, Dipl. Wi.-Ing. Martin Haschke & Guido Meyer GbR
Diplomarbeiten Agentur, http://www.diplom.de, Hamburg
Printed in Germany

Diplomarbeiten **Agentur**

Wissensquellen gewinnbringend nutzen

Qualität, Praxisrelevanz und Aktualität zeichnen unsere Studien aus. Wir bieten Ihnen im Auftrag unserer Autorinnen und Autoren Wirtschaftsstudien und wissenschaftliche Abschlussarbeiten – Dissertationen, Diplomarbeiten, Magisterarbeiten, Staatsexamensarbeiten und Studienarbeiten zum Kauf. Sie wurden an deutschen Universitäten, Fachhochschulen, Akademien oder vergleichbaren Institutionen der Europäischen Union geschrieben. Der Notendurchschnitt liegt bei 1,5.

Wettbewerbsvorteile verschaffen – Vergleichen Sie den Preis unserer Studien mit den Honoraren externer Berater. Um dieses Wissen selbst zusammenzutragen, müssten Sie viel Zeit und Geld aufbringen.

http://www.diplom.de bietet Ihnen unser vollständiges Lieferprogramm mit mehreren tausend Studien im Internet. Neben dem Online-Katalog und der Online-Suchmaschine für Ihre Recherche steht Ihnen auch eine Online-Bestellfunktion zur Verfügung. Inhaltliche Zusammenfassungen und Inhaltsverzeichnisse zu jeder Studie sind im Internet einsehbar.

Individueller Service – Gerne senden wir Ihnen auch unseren Papierkatalog zu. Bitte fordern Sie Ihr individuelles Exemplar bei uns an. Für Fragen, Anregungen und individuelle Anfragen stehen wir Ihnen gerne zur Verfügung. Wir freuen uns auf eine gute Zusammenarbeit

Ihr Team der *Diplomarbeiten* **Agentur**

Dipl. Kfm. Dipl. Hdl. Björn Bedey –
Dipl. Wi.-Ing. Martin Haschke ——
und Guido Meyer GbR ————

Hermannstal 119 k ——————
22119 Hamburg ——————

Fon: 040 / 655 99 20 ————
Fax: 040 / 655 99 222 ————

agentur@diplom.de ————
www.diplom.de ————

INHALTSVERZEICHNIS

ABBILDUNGSVERZEICHNIS

TABELLENVERZEICHNIS

ABKÜRZUNGSVERZEICHNIS

ACL	Access control list
API	Applications programming interface
bspw.	beispielsweise
CBT	Computer based training
CGI	Common gateway interface
CSCW	Computer supported cooperative work
CSCWP	Computer supported cooperative work processing
d.h.	das heißt
DBMS	Datenbank Management Systeme
Diss.	Dissertation
DV	Datenverarbeitung
EDV	Elektronische Datenverarbeitung
EIS	Executive information system
et al.	et altera
etc.	et cetera
FAQ	Frequently asked questions
ff.	Fortfolgende
FTP	File transfer protocol
G+V	Gewinn- und Verlustrechnung
Hrsg.	Herausgeber
HTML	Hypertext mark-up language
HTTP	Hypertext transfer protocol
IIOP	Internet inter-ORB (object broker request) protocol
IMAP	Internet mail access protocol
IT	Informationstechnologie
JDBC	Java database connectivity
Jg.	Jahrgang
KX	Knowledge Xchange

MIME	Multipurpose internet mail extension
MIS	Management information system
NNTP	News transfer protocol
o.S.	ohne Seite
o.V.	ohne Verfasser
ODBC	Open database connectivity
OLE	Object linking and embedding
OMIS	Organizational memory information systems
ORB	Object request broker
POP3	Post office protocol 3
RDBMS	Relational database management system
S/MIME	Secure multipurpose internet mail extension
SMTP	Simple mail transfer protocol
SSL	Secure socket layer
u.	und
u.a.	unter anderem
u.a.O.	und anderen Ortes
URL	Uniform resource locator
WMS	Workflow Management Systeme
WWW	World Wide Web
z.B.	zum Beispiel

1 EINFÜHRUNG

1.1 Bedeutung des Faktors Wissen

Schon seit mehreren Jahrzehnten beschäftigt sich die Wissenschaft mit der Bedeutung des organisatorischen Wissens, das im globalen Wettbewerb der Firmen und Nationen als fünfter Faktor neben die klassischen betriebswirtschaftlichen Produktionsfaktoren *Arbeit*, *Werkstoffe*, *Betriebsmittel* sowie den relativ neuen dispositiven Faktor *Information* getreten ist und schon heute bezüglich der Wettbewerbsfähigkeit, Produktivität und Innovationskraft eine dominante Rolle spielt.[1] „Der Kombinationsprozeß der Produktionsfaktoren erfordert den Einsatz von *Wissen*, da die über das gesamte betriebswirtschaftliche Geschehen vorliegenden Informationen zweckorientiert vernetzt werden müssen."[2] Es besteht daher kein Zweifel daran, daß die effektive und effiziente Nutzung und Entwicklung von Wissen und der dadurch erzielte zusätzliche Nutzen zukünftig einen, wenn nicht sogar den, entscheidenden Wettbewerbsfaktor darstellen wird.[3]

Zieht man in Betracht, daß die Produktionsfaktoren Arbeit, Werkstoffe und Betriebsmittel im heutigen Wirtschaftsumfeld weitgehend in allen Industriestaaten zur Verfügung stehen und sich die Imitationsgeschwindigkeit erfolgreicher Konzepte im Wettbewerb immer weiter beschleunigt, wird deutlich, daß hauptsächlich Unterschiede in der Verteilung und Nutzung wirtschaftlich relevanten Wissens über Erfolg und Mißerfolg einer Unternehmensstrategie entscheiden.

---

[1] Vgl. ILOI (1997), S.2
[2] Rehäuser/Krcmar (1996), S. 4
[3] Vgl. ebenda, S. 13

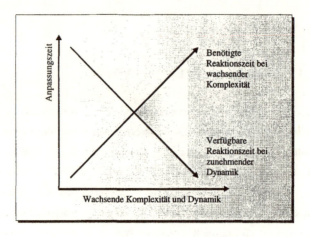

Abbildung 1-1: Die Zeitschere von Komplexität und Dynamik

Quelle: Petrovic (1995), S. 24

Die wachsende externe Komplexität bei gleichzeitig geringerer erforderlicher Reaktionszeit und verkürzten Innovationszyklen (siehe Abbildung 1-1) erfordert daher eine höhere organisatorische Lernfähigkeit.[4] Dieser Wandel zur ‚Wissensgesellschaft' setzt neue Managementtechniken zur Planung, Steuerung, Organisation und Kontrolle der Ressource Wissen voraus und bedingt gewissermaßen einen Paradigmenwechsel in Bezug auf Meßbarkeit und Bewertbarkeit eines neuen, immateriellen Produktionsfaktors.[5]

Die Erkenntnis, daß ein Vorsprung in wirtschaftlich relevanten Wissens- und Informationsbeständen den zentralen Wettbewerbsvorteil der Zukunft darstellt, hat in der Wirtschaft breite Anerkennung gefunden. Zwar betreibt Umfragen zufolge bisher erst rund ein Viertel der Unternehmen *Knowledge Management* – aber nahezu alle sind sich der Bedeutung dieses Themas bewußt und planen, in den kommenden Jahren mit der Implementierung

---

[4] Probst/Büchel (1994), S. 3ff.
[5] Vgl. Rehäuser/Krcmar (1996), S. 10

von Instrumenten und Technologien, die der Erschließung und Bewirtschaftung der Ressource Wissen dienen, zu beginnen.[6]

Die momentan aufflammende Diskussion des Themas *Knowledge Management* in Wissenschaft und Praxis wird letztlich dazu führen, ganzheitliche Konzepte einer systematischen Erschließung und Entwicklung organisationsinterner und externer Wissenspotentiale unter Einbindung unterstützender Technologien zu entwickeln.

1.2 Verständnis und Bedeutung des Knowledge Managements

Verfolgt man das Verständnis des Begriffs Knowledge Management anhand aktueller wissenschaftlicher Publikationen, wird deutlich, daß bisher kein allgemeiner Konsens über eine genaue Eingrenzung dessen, was Knowledge Management eigentlich bedeutet, gefunden wurde. Vielmehr stehen sich heute verschiedenste akademische Auffassungen der Psychologie, Soziologie, Informationswissenschaft und Organisationstheorie gegenüber. Es sind dabei im wesentlichen zwei verschiedene Grundrichtungen zu erkennen: Ein *humanorientiertes* und ein *technologieorientiertes* Knowledge Management.[7]

Die *humanorientierte* Perspektive sieht das Individuum als zentralen Wissensträger, dessen Potentiale nicht ausgeschöpft werden und dessen kognitive Aspekte des individuellen Wissens mit Hilfe von Knowledge Management effizienter genutzt werden sollen. Dieser Ansatz, geprägt von psychologischen und sozialen Charakteristika in naher Verwandtschaft zum Personalmanagement, befaßt sich also mit der Problematik, wie ein verhaltensorientierter, kultureller und organisatorischer Wandel des Unternehmens zur Etablierung und Förderung einer interorganisationalen Knowledge-Management-Kultur ausgelöst wird und wie das Individuum dazu bewegt werden kann, seinen Lernprozeß zu erweitern und sein Wissen mit anderen Organisationsmitgliedern zu teilen. Diese Theorien bilden die Ba-

---

[6] Einer Studie der Delphi Consulting Group zufolge betreiben 1997 lediglich 28% aller Unternehmen Knowledge Management in irgendeiner Form. Dieser Anteil soll bis zum Jahr 2002 auf ca. 98% ansteigen (vgl. Delphi (1997), S. 16). Zudem halten nach einer Studie des Fraunhofer Instituts für Arbeitswirtschaft und Organisation 96% der Unternehmen das Thema Wissensmanagement für wichtig bis sehr wichtig (vgl. Palass (1997), S. 158).
[7] Schüppel (1996), S. 187ff.

sis für die Etablierung eines ganzheitlichen Knowledge-Management-Konzepts, vernachlässigen dabei jedoch konkrete Ansätze zur vom einzelnen Organisationsmitglied unabhängigen Speicherung und Verteilung des Wissens, d.h. der Loslösung des Wissens vom Individuum durch den Aufbau einer organisatorischen Wissensbasis.

Demgegenüber orientiert sich der *technische* Ansatz des Knowledge Managements hauptsächlich an der operativen Ebene, d.h. wie Wissen in Organisationen mit Hilfe eines umfassenden Informationsmanagement-Konzepts erfaßt, erweitert, genutzt, gespeichert und verteilt werden kann. Dabei findet eine starke Konzentration auf die Aspekte der Logik und des Informations-, Daten-, Datenbank-, Hardware- und Softwaremanagements statt. Ein Hauptziel besteht also darin, Organisationsmitglieder dabei zu unterstützen, formuliertes Wissen aus ihrem Fachgebiet zu sammeln, inhaltlich aufzuarbeiten, zu klassifizieren, umzugruppieren, zu verdichten, zu verteilen und zu selektieren, damit letztendlich sachgerechte Entscheidungen getroffen werden können. Der technikorientierte Knowledge-Management-Ansatz zielt somit darauf ab, ein System zu entwerfen, das möglichst alle diese Tätigkeiten angemessen unterstützt. Die Fokussierung auf technische Aspekte führt jedoch zu einer deutlichen Vernachlässigung humanorientierter, normativer und strategischer Ansätze, da das alleinige Vorhandensein von Informations- und Kommunikationstechnologie kein Organisationsmitglied dazu veranlassen wird, sein persönliches Wissen aktiv zu erweitern und mit anderen zu teilen – vielmehr bleiben dabei strategische Untersuchungen, welches Wissen überhaupt wie entwickelt und erworben werden soll und wie mit individuellem, unformuliertem Wissen umzugehen ist, meist außer acht. Reine Informations- und Wissenstechnologielösungen beheben meist nicht die Ursache des eigentlichen Wissensproblems.[8] Die technikorientierte Perspektive sollte daher als zweite Stufe nach der Definition normativer und strategischer Wissensziele und der Schaffung wissensmultiplikativer Rahmenbedingungen mit Hilfe personeller und organisatorischer Maßnahmen gesehen werden.[9]

Die unterschiedlichen Richtungen des technologischen und humanorientierten Ansatzes sind auf die verschiedenen Managementperspektiven der an der Knowledge-Management-

---

[8] Vgl. Albrecht (1993), S. 95
[9] Vgl. Bullinger et al. (1998b), S. 22; Albrecht (1993), S. 95

Forschung Beteiligten zurückzuführen: Während technisch Orientierte Wissen eher als Objekt betrachten, das es zu identifizieren und in Informationssystemen verfügbar zu machen gilt, sehen psychologisch oder soziologisch Orientierte den Menschen im Mittelpunkt und betrachten somit zentral die Unterstützung dynamischer Lernprozesse auf individueller und organisatorischer Ebene.

In Publikationen der letzten Jahre[10] wurde aufgrund dieser Diskrepanz zunehmend versucht, technikorientierte und humanorientierte Strömungen zu einer ganzheitlichen Knowledge-Management-Auffassung zusammenzufassen, also die kreative, wissensschaffende Kapazität des Wissensträgers Mensch mit informations- und wissensverarbeitender Technologie zu kombinieren.[11] Dennoch erfolgte weiterhin eine starke Akzentuierung auf humanorientierte Aspekte des Knowledge Managements. Normative und strategische Managementkomponenten, Theorien des organisatorischen, kollektiven und individuellen Lernens sowie der *Bedarf* für eine diesbezügliche technische Unterstützung wurden sehr detailliert untersucht – aber pragmatische Ansätze für die Implementierung unterstützender Knowledge Management Systeme, beispielsweise durch Nennung konkreter funktionaler Anforderungen an die Infrastruktur eines solchen Systems, wurden jedoch selten näher ausgeführt.

In der Praxis führt diese Lücke zwischen der humanorientierten Knowledge-Management-Forschung und konkreten informations- und kommunikationstechnologischen Umsetzungsansätzen zu Verwirrungen. Vielfach wird ‚technologisch orientiertes Knowledge-Management‘ mit ‚Informationsmanagement‘ verwechselt, obwohl die dahinterliegenden strategischen Elemente und Ziele stark divergieren. Während sich das Informationsmanagement hauptsächlich mit der Fragestellung beschäftigt, wie im Rahmen des Wertschöpfungsprozesses „die richtige Information zum richtigen Zeitpunkt in der richtigen Menge in der erforderlichen Qualität am richtigen Ort" zur Verfügung gestellt werden kann[12], geht Knowledge Management über diese Konzeption weit hinaus und begreift Informati-

---

[10] Vgl. Fohmann (1990); Albrecht (1993); Nonaka (1992); Schüppel (1996); Schneider (1996); Probst (1997); Nonaka/Takeuchi (1997); Bürgel et al. (1998b)

[11] Vgl. Albrecht (1993), S. 97

[12] Vgl. Rehäuser/Krcmar (1996), S. 9ff.

onsmanagement lediglich als einen eigenen Teilbereich.[13] *Wissen* ist im Gegensatz zu Information, die in elektronischer Form vom Individuum unabhängig verarbeitet und gespeichert werden kann, ein komplexes Gefüge, das mit subjektiven Erfahrungen, Zusammenhängen und unausgesprochenem Wissen des Individuums verknüpft wird und daher oftmals nur schwer als klar strukturiertes Faktenwissen schriftlich wiederzugeben ist. Neben den informationsverarbeitenden Komponenten, die unter anderem den *Wissensfluß*, also die Verteilung und Speicherung darstellbaren Wissens, sicherstellen, muß Knowledge Management für die Erschließung, Weiterentwicklung und Aktualisierung der im Individuum verborgenen Wissensbestände sorgen.[14]

1.3   Zielsetzung und Aufbau der Arbeit

Ziel dieser Arbeit ist, Vorschläge für eine Überwindung der Lücke zwischen wissenschaftlicher Knowledge-Management-Theorie und pragmatischer Umsetzung mit Hilfe von Informations- und Kommunikationstechnologie zu entwickeln. Dabei soll am Beispiel eines ganzheitlichen Knowledge-Management-Modells untersucht werden, an welcher Stelle die technische Unterstützung individuellen und organisatorischen Lernens ansetzen kann. Für diesen Zweck wird die Groupware-Plattform *Lotus Notes/Domino*[15], die sich als Marktführer im Bereich computerunterstützter Zusammenarbeit durchgesetzt hat, auf ihre Möglichkeiten zur Unterstützung des Knowledge Managements untersucht. Es soll, unter anderem auch anhand verschiedener Notes-Anwendungen und einer Fallstudie, gezeigt werden, daß schon heute verfügbare Technologie dazu geeignet ist, wesentliche Aspekte des Knowledge Managements mit vertretbarem Aufwand softwaretechnisch zu unterstützen.

In Kapitel 2 wird dazu zunächst eine Auswahl von Knowledge-Management-Konzepten vorgestellt, um einen Überblick über die Vielfältigkeit des Themengebiets zu geben. Einer

---

[13] Vgl. Albrecht (1993), S. 98

[14] Eine detaillierte Gegenüberstellung der Bereiche Information Management und Knowledge Management sowie mögliche Entwicklungen beider Fachgebiete siehe Röpnack (1997), S. 14ff.

[15] Im folgenden wird für das Produkt ‚Lotus Notes' bzw. ‚Lotus Domino' aus Vereinfachungsgründen der einheitliche Begriff ‚Notes' verwendet, da Lotus die Produktbezeichnung bei jedem Versionswechsel der vergangenen Jahre geringfügig veränderte.

dieser Ansätze, der als Basis für weitere Untersuchungen dient, wird dann herausgegriffen und näher erläutert. Des weiteren werden einige Instrumente und Werkzeuge für das Knowledge Management beschrieben.

Kapitel 3 beschreibt das Produkt Notes. Dazu wird es in informationstechnische Konzepte eingeordnet und in Beziehung zu anderen Groupware-Produkten gesetzt. Die Beschreibung der gesamten Notes-Basisfunktionalität bildet die Grundlage für nachfolgende Untersuchungen.

Kapitel 4 setzt sich damit auseinander, inwiefern die Grundfunktionalität von Lotus Notes sowie drei darauf aufsetzende Produkte dazu dienen können, die einzelnen Bausteine des in Kapitel 2 beschriebenen Knowledge-Management-Modells zu unterstützen. Es werden dabei Anregungen für die Implementierung von Knowledge-Management-Anwendungen auf Notes-Basis gegeben.

Kapitel 5 schließt diese Untersuchung mit einer Fallstudie des *Knowledge Xchange*-Systems von Andersen Consulting ab, das als Referenzimplementierung eines Knowledge-Management-Systems auf Notes-Basis gilt.

Betrachtet man die vorliegende Arbeit im Gesamtüberblick, so läßt sich die Gliederung folgendermaßen graphisch darstellen:

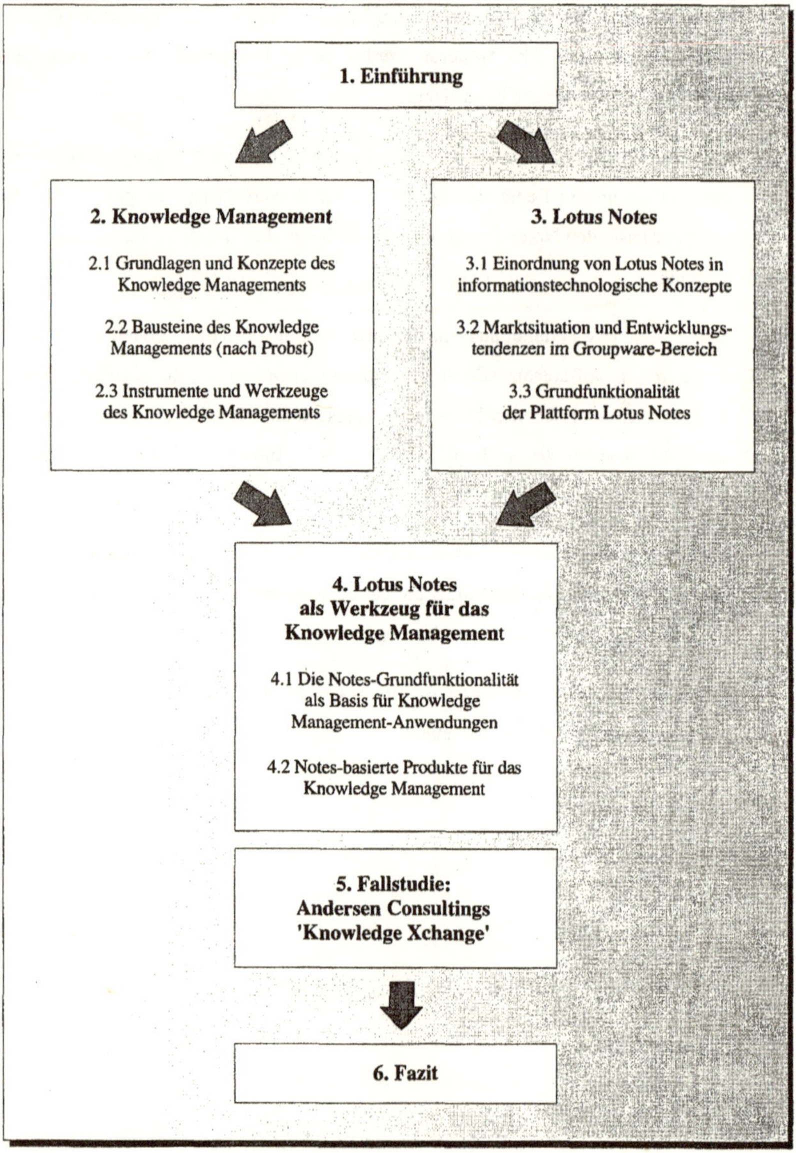

1. Einführung

2. Knowledge Management

2.1 Grundlagen und Konzepte des Knowledge Managements

2.2 Bausteine des Knowledge Managements (nach Probst)

2.3 Instrumente und Werkzeuge des Knowledge Managements

3. Lotus Notes

3.1 Einordnung von Lotus Notes in informationstechnologische Konzepte

3.2 Marktsituation und Entwicklungstendenzen im Groupware-Bereich

3.3 Grundfunktionalität der Plattform Lotus Notes

4. Lotus Notes als Werkzeug für das Knowledge Management

4.1 Die Notes-Grundfunktionalität als Basis für Knowledge Management-Anwendungen

4.2 Notes-basierte Produkte für das Knowledge Management

5. Fallstudie: Andersen Consultings 'Knowledge Xchange'

6. Fazit

Abbildung 1-2: Die Arbeit im Überblick

2 KNOWLEDGE MANAGEMENT

2.1 Grundlagen und Konzepte des Knowledge Managements

Zum Verständnis des Knowledge Managements ist es unerläßlich, eine Differenzierung des Terminus ‚Wissen' durchzuführen. Für diesen interdisziplinären Begriff hat sich bislang keine einheitliche Auffassung durchgesetzt, da in der Literatur je nach Wissenschaftsgebiet des Verfassers verschiedenste Sachverhalte die Grundlage für die jeweiligen Definitionen bilden. Es stehen sich somit verschiedene Abgrenzungen der Philosophie, Psychologie, Betriebswirtschaftslehre und der Kognitionsforschung gegenüber[16], die mit Aufkommen der computerunterstützten Wissensverarbeitung um Definitionsversuche aus dem Bereich der Informatik ergänzt wurden.

Folgt man einer technikorientierten Betrachtungsweise, existiert eine hierarchische Beziehung der Ausdrücke Zeichen, Daten, Informationen, und Wissen (vgl. Abbildung 2-1). Während im allgemeinen Sprachgebrauch ‚Zeichen' als zusammenhanglose Datenelemente und ‚Daten' als beliebige Zeichen und Zeichenfolgen mit einer rein syntaktischen Dimension[17] meist richtig verstanden werden, wird oftmals keine klare Abgrenzung der Termini ‚Information' und ‚Wissen' vorgenommen.

---

[16] Vgl. Albrecht (1993), S. 32ff.
[17] Vgl. ebenda (1993), S. 45

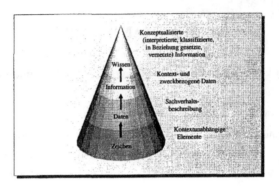

Abbildung 2-1: Hierarchie der Begriffe Zeichen, Daten, Information und Wissen

Quelle: Rehäuser/Krcmar (1996), S. 3; Meyer zu Selhausen (1996), S. 11

Daten werden zu Informationen, wenn sie in einen sinnvollen Kontext gestellt und somit um eine semantische Dimension erweitert werden.[18] Die aus Syntax und Semantik bestehende, sachliche Mitteilung besteht somit aus in einen Zweckzusammenhang gestellten Daten.

Wissen entsteht jedoch erst, wenn diese eindimensionalen Informationen einer Konzeptualisierung unterworfen, d.h. wenn sie zur Identifikation eines Ursache-Wirkungs-Zusammenhangs interpretiert und bewertet werden.[19] Wissen ist „mehrdimensional, strukturiert und hierarchisch aufgebaut"[20], ist „Ergebnis der Verarbeitung von Informationen durch das Bewußtsein"[21] und liegt in Form von „Beständen an Modellen über konkrete bzw. abstrakte Objekte, Ereignisse und Sachverhalte"[22] vor.

Wissen besitzt somit eine weitaus höhere Komplexität als ,Information', da es oftmals nicht als Faktenwissen, sondern in unstrukturierter, an das Individuum gebundener Form vorliegt und einen hohen Grad der Vernetzung aufweist.[23] Dieses *implizite Wissen*, im

---

[18] Vgl. Albrecht (1993), S. 44
[19] Vgl. Meyer zu Selhausen (1996), S. 10
[20] Albrecht (1993), S. 44
[21] Vgl. ebenda, S. 45
[22] Vgl. ebenda, S. 45
[23] Vgl. Rehäuser/Krcmar (1996), S. 5ff.

Englischen treffend mit ‚embodied knowledge' (personifiziertes Wissen) oder ‚tacit knowledge' (stillschweigendes Wissen) umschrieben[24], ist aufgrund der Verankerung mit Handlungen, Erfahrungen, Idealen und Werten des Wissenssubjekts schwer identifizierbar, formalisierbar, kommunizierbar, teilbar und speicherbar und kann daher durch Informationstechnologie kaum direkt erschlossen werden.[25] Es ist daher eine Aufgabe des Knowledge Managements, dieses durch Externalisierung in *explizites*, also formulierbares, Wissen zu überführen, das dann in Form von quantifizierbaren oder ‚weichen' Informationen allen Organisationsmitgliedern zur Aufbereitung bereitstehen kann.

Nach Pautzke läßt sich die organisatorische Wissensbasis durch die in der folgenden Abbildung gezeigten fünf Schichten darstellen, die die unterschiedlich hohen Wahrscheinlichkeiten der Verwendung des jeweiligen Wissens in organisatorischen Entscheidungsprozessen repräsentieren.[26]

---

[24] Vgl. Nonaka (1997), S. 69ff
[25] Vgl. Rehäuser/Krcmar (1996), S. 6ff.
[26] Vgl. Pautzke (1989), S. 77ff; Albrecht (1993), S. 84

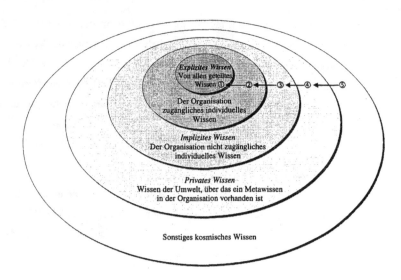

Abbildung 2-2: Schichtenmodell der organisatorischen Wissensbasis

Quelle: In Anlehnung an Pautzke (1989), S. 87; Rehäuser/Krcmar (1996), S. 8

Dieses Schichtenmodell visualisiert die Aufgaben des Knowledge Managements, die „infrastrukturellen und organisatorischen Voraussetzungen für eine lernende Organisation zu schaffen, damit die organisatorische Wissensbasis genutzt, verändert und fortentwickelt werden kann."[27] Es stellt also das Ziel der Externalisierung allen Wissens, d.h. die finale Überführung verschiedener Wissensarten in eine von allen geteilte Wissensbasis, das sogenannte *kollektive Wissen*, in den Mittelpunkt. Punkt ① beschreibt dabei die vom Träger unabhängige Speicherung des der Organisation bereits zur Verfügung stehenden Wissens. Prozeß ② ermöglicht die Bereitstellung individuell vorhandenen Wissens an alle Organisationsmitglieder, d.h. die Überführung *privaten Wissens* in kollektives Wissen. Vorgang ③ transformiert implizit vorhandenes Wissen in allgemein teilbares explizites Wissen. Nicht in der Organisation vorhandenes Wissen wird in Prozeß ④ angeeignet und anschließend in

---

[27] Vgl. Rehäuser/Krcmar (1996), S. 18

den Schritten ① bis ③ in kollektives Wissen umgewandelt. Kategorie ⑤ schließt alle sonstigen Lernprozesse, die zu einer Evolution der Wissensbasis führen, ein.[28]

Eine Betrachtung dieses Schichtenmodells ermöglicht die Bewertung zweier verbreiteter konträrer Denkansätze für Knowledge Management, dem *,Wissen als Input in Prozesse'* einerseits sowie dem *,Wissen als Prozeß'* andererseits.[29] Das erste Modell, das eine starke Akzentuierung auf der instrumentell-technischen Ebene von Wissensmanagement setzt, trifft dabei die Annahme, daß Wissen als Abbildung von Realität als personen- und kontextunabhängig gelten kann und somit automatisiert mit Hilfe von Informations- und Kommunikationstechnologie bearbeitet, erweitert, gespeichert, bewertet und verteilt werden kann. Die Fokussierung auf die Prozessierung des Wissens zwischen Sender und Empfänger legt nahe, daß diese Auffassung des Wissensmanagements hauptsächlich dem pragmatischen Ziel entsprang, im Unternehmen vorhandene Wissensstrukturen informationstechnisch abzubilden und unorganisiertes und verteiltes Wissen zu organisieren. Übertragen auf die Betriebswirtschaftslehre soll Knowledge Management daher

> *„[...] dazu beitragen, das im Unternehmen verstreut vorhandene Wissen für das Unternehmen wirtschaftlich nutzbar zu machen, indem die latenten Wissenspotentiale erkannt und teilweise in Form von Software in ein für alle Unternehmensmitglieder verfügbares Wissen überführt werden."*[30]

Dieser Ansatz ist größtenteils auf die Kategorien ① und ② der Abbildung 2-2 beschränkt, da durch die Betonung technischer Prozesse die Entstehung neuen Wissens aus nicht formalisierbarem, unstrukturiertem implizitem Wissen größtenteils vernachlässigt wird.

Das Modell des *Wissens als Prozeß* basiert demgegenüber auf Aspekten der lernenden Organisation und umfaßt daher alle Kategorien ① bis ⑤ der Abbildung 2-2. Durch die Akzentuierung der Humanorientierung wird dabei davon ausgegangen, daß Wissen im Lernprozeß entsteht und durch Interaktion zwischen Personen erworben und verändert wird.

---

[28] Vgl. Rehäuser/Krcmar (1996), S. 19
[29] Vgl. Schneider (1996), S. 17ff.
[30] Albrecht (1993), S. 50

Wissen ist somit nach dieser Perspektive nicht objektiviert, sondern personen- und kontextgebunden zu sehen. Dies bedeutet, daß diese Knowledge-Management-Perspektive zentral die Kommunikation zwischen Organisationsmitgliedern einerseits, und die Prozesse in der Organisation andererseits betrachtet, um die Wissensentwicklung zu unterstützen. Es gilt, Humankapital, Organisationskultur und -struktur sowie Informations- und Kommunikationstechnologien auf das umfassende Management der Ressource Wissen auszurichten. Da dieser ganzheitliche Ansatz sowohl die Erschließung der Ressource ‚Menschliches Wissen' aufgreift, aber auch Lösungswege für die informationstechnische Implementierung aufzeigt, wird im folgenden vom prozessualen Ansatz des Knowledge Managements ausgegangen.

Die Komplexität, die sich aus diesen kontext- und personenabhängigen Charakteristika des Wissens ergibt, hat zur Folge, daß Wissen nicht wie Information aufgenommen und gespeichert werden kann, sondern über einen längeren Zeitraum hinweg durch Interaktion erworben werden muß.[31] Diese Betrachtung von Lernprozessen hat zu einer Erweiterung des in obiger Abbildung 2-2 dargestellten Pautzke-Schichtenmodells geführt, das die Überführung des Anfangszustands eines Wissenselements in den Endzustand ‚explizites, gespeichertes Wissen' im Mittelpunkt sieht. Neu sind dabei überwiegend dynamische Elemente, die die immer wiederkehrende Multiplikation vorhandenen Wissens abbilden sollen. Diese Modelle werden, da Entscheidungen auf Wissen basieren, das sich ebenfalls auf weiteres Wissen bezieht, als *selbstreferentielle Systeme* bezeichnet.[32]

---

[31] Vgl. Nonaka (1992), S. 97
[32] Vgl. Rehäuser/Krcmar (1996), S. 24

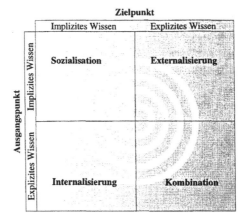

Abbildung 2-3: Wissensspirale unter Betrachtung der Umwandlung

verschiedener Wissensinhalte

Quelle: In Anlehnung an Nonaka/Takeuchi (1997), S. 84ff.

Nonaka/Takeuchi beschreiben beispielsweise den Lernprozeß als *Wissensspirale*, die die multiplikative Funktion durch einen Kreislauf von *Sozialisation*, also der Aneignung von individuellem, nicht formuliertem Wissen, *Externalisierung*, d.h. der Umwandlung von implizitem in explizites Wissen, *Kombination*, also der Typisierung und Normierung des kommunizierten Wissens durch Dritte, und *Internalisierung*, also der Vertiefung der impliziten Wissensbasis durch Erfahrung mit diesem neuen Wissen, darstellt (vgl. Abbildung 2-3).[33] Daraus folgt, daß die Multiplikation des Wissens in einem ständigen Kreislauf der sozialen Interaktion zwischen implizitem und explizitem Wissen erfolgt. Diese zyklische Wissensschaffung wird nach Nonaka/Takeuchi unter anderem durch das Vorhandensein von *Redundanzen* ermöglicht, die der verbreiteten westlichen Auffassung eines effizienten Informationsmanagements widersprechen.[34] Informationen, die über die operativen Aufgaben und Verantwortungsbereiche des einzelnen Organisationsmitglieds hinausgehen, werden nicht als Verschwendung, sondern als Chance verstanden, den Horizont des Einzelnen zu erweitern und so die Externalisierung der impliziten Wissensbestände anderer zu er-

---

[33] Vgl. Nonaka/Takeuchi (1997), S. 84ff.
[34] Vgl. ebenda, S. 95ff.

leichtern. Aufgabe des Knowledge Managements nach diesem Modell ist also, die Voraussetzungen für den wissensbildenden Zyklus zu schaffen und ihn anzustoßen.

Ein anderes Beispiel für ganzheitliche dynamische Modelle des Knowledge Managements, das zusätzlich die Ebene der Informationsverarbeitung und Wissensinfrastruktur mit einbezieht, ist Rehäuser/Krcmars ‚Lebenszyklusmodell des Managements der Ressource Wissen‘.[35] Darin werden die Aufgaben des Wissensmanagements in folgende Managementphasen kategorisiert:

- Management der Wissens- und Informationsquellen
- Management der Wissensträger- und Informationsressourcen
- Management des Wissensangebots
- Management des Wissensbedarfs
- Management der Infrastrukturen der Wissens- und Informationsverarbeitung und Kommunikation

Diese Phasen lassen sich dabei auf drei Ebenen des Knowledge Managements zurückführen: Die Ebene des ‚Wissens- und Informationseinsatzes‘, die Ebene der ‚Wissensträger-, Informations- und Kommunikationssysteme‘ sowie die der ‚Infrastruktur der Wissens- und Informationsverarbeitung und Kommunikation‘.[36] Neu ist hierbei also die explizite Berücksichtigung einer umfassenden informationstechnischen Unterstützung in der Konzeption eines Knowledge-Management-Modells. Somit wird nicht nur darauf abgezielt, Humankapital, Organisationskultur und Organisationsstruktur auf das umfassende Management der Ressource Wissen auszurichten, sondern auch Informations- und Kommunikationstechnologien mit einzubeziehen.

Diese ganzheitliche Sicht findet sich in mehreren Knowledge-Management-Ansätzen. So beschreibt Schüppel Wissensmanagement als „alle möglichen human- und technikorientierten Interventionen, die dazu geeignet sind, die Wissensproduktion, -reproduktion,

---

[35] Vgl. Rehäuser/Krcmar (1996), S. 20
[36] Vgl. ebenda, S. 18

-distribution, -verwertung und -logistik in einer Organisation zu optimieren."[37] Einen ähnlichen Ansatz verfolgt Probst, der Knowledge Management in verschiedene Kernprozesse unterteilt, die unmittelbaren Wissensbezug haben und untereinander jeweils unterschiedlich ausgeprägte Verbindungen aufweisen (vgl. folgende Abbildung 2-4).[38] Die Basis für dieses Modell bildet der ‚äußere Kreislauf', der die traditionellen Elemente eines Managementprozesses – Zielsetzung, Umsetzung und Bewertung – beinhaltet. Die operative Komponente, also die Umsetzung, stellt Probst als ‚inneren Kreislauf' der Bausteine Wissensidentifikation, Wissenserwerb, Wissensentwicklung, Wissens(ver)teilung, Wissensnutzung und Wissensbewahrung dar.[39]

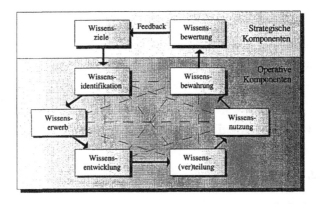

Abbildung 2-4: Kernprozesse des Knowledge Managements

Quelle: Probst (1997), S. 56

Die hier dargestellte Gliederung des Knowledge Managements bietet gegenüber den vorherigen Modellen mehrere Vorteile, die den Aufbau, die Umsetzung und die Kontrolle ei-

---

[37] Vgl. Schüppel (1996), S. 191ff.
[38] Vgl. Probst (1997), S. 51 u. S. 56; Bullinger et al. (1998b), S. 24
[39] Vgl. Probst (1997), S. 56; Bullinger et al. (1998a), S. 9

nes solchen Managementkonzepts in der Praxis begünstigen und eine Auswahl adäquater Instrumente ermöglichen:[40]

- Strukturierung des Managementprozesses in logische Phasen
- Definition von Ansatzpunkten für Interventionen
- Bereitstellung eines Rasters zur Einordnung wissensrelevanter Probleme und deren Ursachen

Während also der äußere Kreislauf die unternehmensstrategische Bedeutung der Definition und Bewertung[41] normativer, strategischer und operativer Wissensziele verdeutlicht, veranschaulicht der innere Kreislauf der operativen Bausteine, daß die Vernachlässigung einzelner Komponenten eine Unterbrechung des multiplikativen Zyklusses zur Folge haben kann. Da dieses Modell wie erwähnt die Untersuchung einzelner Teile des Knowledge Managements ermöglicht, wird es im folgenden nun näher erläutert, um danach die Möglichkeiten der informationstechnischen Unterstützung des *Wertschöpfungsprozesses Knowledge Management* näher prüfen zu können.

2.2 Bausteine des Knowledge Managements (nach Probst)

2.2.1 Definition von Wissenszielen

Die Definition von Wissenszielen stellt den Ausgangspunkt von Knowledge Management dar und gibt die Richtung weiterer Aktivitäten vor. Dabei wird definiert, auf welchen Ebenen welches Wissen und welche Fähigkeiten aufgebaut werden sollen.

Grundsätzlich wird dabei zwischen normativen, strategischen und operativen Wissenszielen unterschieden:

---

[40] Vgl. Bullinger et al. (1998a), S. 9
[41] Vgl. Probst (1997), S. 54ff.; Der Zusammenhang der Wissensbewertung wird in der Literatur unter dem Begriff *Wissenscontrolling* behandelt, vgl. Güldenberg (1997), o.S.

Wissensziele	Beschreibung
Normativ	• Definition einer Wissensmanagement-Vision auf Top-Management-Ebene
	• Schaffung einer ‚wissensbewußten' Organisationskultur als Voraussetzung für die Verfolgung wissensorientierter Ziele im strategischen und operativen Bereich
Strategisch	• Inhaltliche Bestimmung organisatorischen Kernwissens
	• Beschreibung des gewünschten zukünftigen Wissensportfolios
	• Definition der Ansatzpunkte des Kompetenzaufbaus
Operativ	• Transformation des Wissensmanagements von der Stabs- und Strategieebene in das ‚operative Geschäft'
	• Konkretisierung normativer und strategischer Wissensziele durch Definition von Implementierungsmaßnahmen
	• Sicherstellung der Angemessenheit der Investitionen in Bezug auf die jeweilige Interventionsebene

Tabelle 2-1: Wissensziele

Quelle: In Anlehnung an Probst (1997), S. 331; Bullinger et al. (1998b), S. 25 u. S. 33

Wissensziele stellen demnach eine bewußte Ergänzung bei der Definition von Unternehmens- und Organisationszielen dar. Der Erfolg von Knowledge Management hängt in einem hohen Maße einerseits vom Engagement und der Selbstverpflichtung des Top-Managements[42], und andererseits der Konkretisierung durch operative Maßnahmen[43] ab. In der Praxis hat dies oftmals zur Einrichtung einer konkreten Wissensfunktion, beispielsweise eines ‚Chief Knowledge Officers' (CKO), geführt, der sich für die internen Wissensentwicklungsprozesse verantwortlich zeichnet und mit entsprechenden Kompetenzen zur organisationsweiten Definition und Einhaltung der Wissensziele ausgestattet ist.[44]

---

[42] Vgl. Probst (1997), S. 71
[43] Vgl. Bullinger et al. (1998b), S. 25
[44] Vgl. Probst (1997), S. 75

Zur Definition von Wissenszielen haben sich in der Unternehmenspraxis hauptsächlich folgende Methoden durchgesetzt:[45]

- Informelle Gespräche mit dem Vorgesetzten
- Stellenspezifische Anforderungskataloge
- Strategische Bildungsbedarfsanalysen
- Individuelle Know-How-Bilanzen

- Befragung durch die Personalentwicklung oder Vorgesetzte
- Schulungs- und Bedarfsmatrizen
- Jährliche Weiterbildungspläne

Wie daraus ersichtlich ist, sind die zur Wissenszieldefinition benötigten Methoden in erster Linie strategischer Natur und mit Hilfe von Informationstechnologie nur indirekt zu unterstützen.

2.2.2   Identifikation interner und externer Wissenspotentiale

> *Gebildet ist, wer weiß, wo er findet, was er nicht weiß.*
>
> Soziologe und Philosoph Georg Simmel

Der rasante Fortschritt der Informationstechnologie hat nicht primär zu einer erweiterten Transparenz vorhandener Wissenspotentiale geführt, sondern zu einer Überflutung des Individuums mit Daten, Information und Wissen. Der daraus resultierende Verlust des Überblicks über interne Fähigkeiten und Wissensbestände führt letztendlich vor allem in multinationalen Unternehmen dazu, daß Parallelentwicklungen an verschiedenen Stellen auftreten, Leistungen extern eingekauft werden, die intern eigentlich vorhanden wären, sowie vorhandene Patente und Technologien ungenutzt und vorhandene Experten unerkannt bleiben.

Ein Hauptproblem bei der Identifikation interner und externer Wissensbestände ist dabei für Führungskräfte zentral in der vom Individuum nicht mehr zu überblickenden Masse an

---

[45] Vgl. Bullinger et al. (1998a), S. 12

Information verschiedener Medien zu sehen: Fachliteratur, Memos, Berichte, E-Mails, Diskussionsforen, Datenbanken, Konferenzen oder auch externe Netzwerke wie das Internet erschweren die Selektion relevanter Information mit herkömmlichen Methoden. Eine zentrale Aufgabe des Knowledge Managements ist daher, eine *angemessene Transparenz* des extern und intern vorhandenen Wissens zur Erkennung existierender Wissensdefizite zu erreichen. Nur auf diesem Weg können fehlende Kompetenzen der Organisation identifiziert und gezielt nach kompensierenden Wissensquellen gesucht werden.[46]

Somit stellt sich also im Bereich der Wissensidentifikation die Frage, wer bzw. was hinsichtlich der Gestaltung von Wissensprozessen einer Organisation der Träger relevanter Wissensbausteine und damit Adressat möglicher Interventionen ist. Schüppel nennt hierbei zum einen Organisationsmitglieder und organisatorische Gruppen, zum anderen alle weiteren Wissensträger außerhalb der Organisation.[47] Zur Illustration sollte jedoch erneut Pautzkes Schichtenmodell[48] herangezogen werden: Wissen liegt nicht nur in Form von impliziten und expliziten Wissensbeständen der Organisationsmitglieder vor. Vielmehr ist auch das nicht direkt zugängliche Wissen der Umwelt, das in formellen und informellen Organisationsstrukturen und Unternehmensprozessen verankerte kollektive Wissen sowie auch das ,von allen geteilte', schon vom Individuum unabhängig gespeicherte Wissen in Form von Datenbanken zu beachten.

Um eine Übersicht über verfügbare Wissensträger zu erhalten, wird im folgenden zwischen der Identifikation organisationsinterner und -externer Wissensträger differenziert.

2.2.2.1 Organisationsinterne Wissensträger

2.2.2.1.1 Wissensträger ,Speicherbare Information'

Wie in der Einleitung zu Kapitel 2.2.2 angedeutet, ist Information heute in vom Individuum nicht mehr verarbeitbarer Menge in verschiedenen Medien – sei es in Papier- oder elektronischer Form – vorhanden. Eine Masse von expliziter, deklarativer, quantitativer,

---

[46] Vgl. Probst (1997), S. 102
[47] Vgl. Schüppel (1996), S. 197

strukturierter und unstrukturierter Information verhindert die Konzeptualisierung und Multiplikation wirklich relevanten Wissens. Dem verbreiteten Vorwurf, man habe alle Informationen außer denen, die man brauche, führt dazu, daß vielfach vorhandenes Wissenspotential ungenutzt bleibt und uninformierte Entscheidungen die Folge sind.

Die Identifikation eines für Entscheidungsprozesse relevanten Wissens scheitert bisher meist an der mit herkömmlichen Such- und Verarbeitungsmethoden nicht mehr überblickbaren Menge an in Worten gefaßter Informationen, die mit einfachen Suchalgorithmen und den kognitiven Informationsverarbeitungsfähigkeiten des Einzelnen kaum auf einen relevanten Umfang eingeschränkt werden kann. Dies kann am Beispiel des *World Wide Webs* verdeutlicht werden. Es gilt heute als das größte ‚Data Warehouse' und vereinigt verschiedenartigstes Wissen mehrerer Millionen Menschen auf heterogenen, verteilten Systemen unter einem einheitlichen Standard. Dennoch bleibt dieses Wissenspotential meist ungenutzt, da mit Hilfe herkömmlicher Internet-Suchmaschinen[49] relevante Informationen nicht mit angemessenem Aufwand identifiziert werden können. Suchalgorithmen sind meist auf simple Verknüpfungen einiger Suchbegriffe beschränkt und führen durch die Mehrdeutigkeit und Ungenauigkeit der Begriffe meist zu mehreren tausend Treffern, deren manuelle Überprüfung aufgrund des großen Umfangs kaum möglich ist. Eine sinnvolle Maßnahme ist daher, den gespeicherten Informationen eine einheitliche Sprachdefinition und -verwendung, d.h. ein *controlled vocabulary*, zugrunde zu legen.[50] Nur bei einem konsistenten Verständnis der verwendeten Begriffe ist eine sinnvolle Klassifikation einer organisatorischen Wissensbasis in Wissensfelder und somit eine organisationsweite Identifikation relevanten Wissens möglich.

Es ist jedoch darauf zu achten, daß zur Erreichung einer effizienten *Verfügbarkeit des Wissens* keine allzu restriktiven Maßnahmen ergriffen werden. Auch redundante, den Entscheidungs- und Verantwortungsbereich eines Organisationsmitglieds überschreitende Informationen können zur Wissenserzeugung führen.[51] Wissen sollte vielmehr bereichs- und

---

[48] Vgl. Abbildung 2-2, S. 12

[49] Beispielsweise Lycos (URL http://www.lycos.de), Altavista (URL http://www.altavista.digital.com), Excite (URL http://www.excite.com) etc.

[50] Vgl. Probst (1997), S. 112; Romhard (1997), S. 8

[51] Vgl. Nonaka (1997), S. 25ff.

kompetenzübergreifend zur Verfügung gestellt und durch *interpretative* Funktionen der Suchalgorithmen eines Knowledge-Management-Systems mengenmäßig eingegrenzt werden.

2.2.2.1.2 Wissensträger ‚Organisationsmitglied‘

Neben Datenbanken, die explizites, deklaratives, quantitatives und strukturiertes Wissen ihrer Organisationsmitglieder abbilden und abrufbar machen, stellen Organisationsmitglieder als Träger impliziten unstrukturierten qualitativen Wissens eine sehr wichtige Ressource bei der Generierung und Multiplikation der Wissensbasis dar. Dieses Expertenwissen ist jedoch oftmals informationstechnisch nicht greifbar und kann nur durch Externalisierung im Rahmen der direkten Kommunikation mit dem Wissensträger übertragen werden. Die Basis dafür stellen *informelle Netzwerke* dar, die den Wissenstransfer durch persönlichen Kontakt verschiedener Organisationsmitglieder abbilden.[52]

Eine Aufgabe des Knowledge Managements stellt also die Schaffung von Rahmenbedingungen für die Bildung solcher Netzwerke dar, d.h. eine personelle und strukturelle Transparenz der Organisation muß geschaffen werden, um klären zu können, ob Wissen extern eingekauft werden muß oder ob es bei Organisationsmitgliedern implizit vorhanden ist.

Ein Schritt in diese Richtung ist die Einrichtung sogenannter *Expertenverzeichnisse* oder *Expert Yellow Pages*, die Problemlösungsfähigkeiten und Erfahrungen der einzelnen Organisationsmitglieder enthalten. Während die frühere Praxis, gedruckte Personalhandbücher und Verzeichnisse verfügbar zu machen, an hohen Erstellungs-, Druck- und Distributionskosten, an mangelnder Akzeptanz durch Medienbrüche (Buch-Brief-Telefon), sowie an mangelnder Aktualität aufgrund einer durch Innovationsdruck stark gestiegenen Personalfluktuation scheiterte, hat die Erstellung, Aktualisierung und Distribution elektronischer Mitarbeiterprofile in firmeninternen Intranets schon weite Verbreitung gefunden. Unter Berücksichtigung datenschutzrechtlicher Gesichtspunkte ermöglichen diese eine organisationsweite Suche nach Experten für spezifische Fragestellungen. Die elektronische Form ermöglicht die Vermeidung von Medienbrüchen, da durch Hyperlink-Strukturen die

---

[52] Vgl. Bullinger et al. (1998a), S. 9

direkte Kontaktaufnahme des Wissensnachfragers mit dem Wissensträger, zum Beispiel per E-Mail, ermöglicht wird. Dies führt langfristig zu einem Aufbau horizontaler, direkter Kommunikationsnetzwerke und damit zur Wissensmultiplikation zwischen bisher nicht im persönlichen Kontakt stehenden Organisationsmitgliedern, da dieser zuvor durch den Aufwand vertikaler Kommunikation entlang von Hierarchiestrukturen eingeschränkt wurde.

Die Bereitstellung elektronischer Expertenverzeichnisse eröffnet weitere Möglichkeiten. So ist durch eine informationstechnische Nutzung des Interessenprofils eine automatisierte Auswahl und Zustellung der für das Organisationsmitglied relevanten Information möglich. Dies führt zu einer gezielten Versorgung des Experten mit für ihn wesentlichem Wissen und erleichtert ihm die Identifikation in der Organisation vorhandener, bisher unbekannter Wissenspotentiale. Zusätzlich wirkt dies als Motivationskomponente für eine ständige Aktualisierung des eigenen elektronischen Mitarbeiterprofils.

2.2.2.1.3 Wissensidentifikation durch Wissenskarten

Eine weitere Methode zur Identifikation interner Wissensträger stellen sogenannte *Wissenskarten* oder *Wissenslandkarten* dar, die organisatorischen Zusammenhänge zwischen Wissensträgern, Wissensbeständen, Wissensquellen, Wissensstrukturen und Wissensanwendungen graphisch anhand eines Organigramms darstellen.[53] Ziel ist eine Beantwortung der Fragestellung, wer wann und wozu welches Wissen benötigt und woher dieses Wissen intern beschafft wird.[54]

Die Methodik der Wissenskarten liefert mit einer vereinfachten visuellen Übersicht wissensintensiver Prozesse in der Organisation ein Navigationssystem für die Identifikation der organisatorischen Wissensbestände und Wissensträger. Gegenüber den oben genannten Expertenverzeichnissen ist vorteilhaft, daß eine Suche im Umfeld des Wissensdefizits vereinfacht möglich ist, da Wissensbestände und Wissensträger bestimmten Aufgabengebieten zugeordnet werden. Zusätzlich dienen sie der Visualisierung informeller Netzwerke innerhalb der Organisation, stellen also Beziehungsstrukturen zwischen den Organisati-

---

[53] Vgl. Probst (1997), S. 107ff.

onsmitgliedern dar und ermöglichen so die Identifikation informeller Teams.[55] Probst differenziert zwischen folgenden Arten von Wissenskarten:[56]

Wissenskarte	Beschreibung
Wissensträgerkarten	zeigen die Ausprägungen verschiedener Wissensbereiche bei den jeweiligen Wissensträgern, also Personen innerhalb eines Teams, der Organisation oder im externen Umfeld, und geben Aufschluß über Wissensträger in einem thematischen Kontext.
Wissensbestandskarten	veranschaulichen den Aggregationszustand von Wissen, zeigen also, wo und wie in einzelnen Organisationseinheiten bestimmte Wissensbestände gespeichert sind.
Wissensflußkarten	geben eine formalisierte Übersicht der Wissensflüsse zwischen Organisationsmitgliedern, -gruppen und dem externen Umfeld.
Wissensstrukturkarten	dienen der Darstellung der Zusammenhänge verschiedener Wissensgebiete und geben einen visuellen Überblick über Schwerpunkte eines Wissensgebiets.

Tabelle 2-2: Arten von Wissenskarten

Quelle: Probst (1997), S. 108

Die Erstellung von Wissenskarten erfordert durch ihre Orientierung an Kommunikations-,
Lern- und Wissensprozessen eine Erhebung von Wissensgebieten, Fachwissen, Fähigkeiten, Beziehungsqualitäten und Verantwortlichkeiten von Individuen und Teams der Organisation. Diese Dokumentation erfordert einen hohen Aufwand, kann jedoch nicht nur in
Bezug auf die geschaffene Transparenz der organisatorischen Wissensbasis, sondern auch
in Hinsicht auf die Revision bestehender Geschäftsprozesse einen hohen Nutzen entwik-
keln.

---

[54] Vgl. Schüppel (1996), S. 200
[55] Vgl. Probst (1997), S. 123ff.
[56] Vgl. ebenda, S. 108

2.2.2.1.4 Wissensidentifikation durch Wissensbroker

Während technische Lösungen auf Basis von Informations- und Kommunikationstechnologien die Identifikation technisch greifbaren Wissens unterstützen, können auch *Wissensbroker*[57] oder *Wissensingenieure*[58] als Mittler zwischen Wissensnachfrager und Experte dienen. Dabei ist ihre Aufgabe nicht nur primär in der Klassifikation und Distribution vorhandenen expliziten Wissens der Organisation zu sehen, sondern durch ihren ganzheitlichen Einblick in das im Unternehmen vorhandene Wissen können sie eine bedeutende Rolle bei der Identifikation impliziten und auch externen Wissens spielen. Während das einzelne Organisationsmitglied durch seinen eigenen fokussierten Aufgabenbereich keinen umfassenden Einblick in die gesamte Wissensbasis der Organisation haben kann, ist dies die Aufgabe des Wissensbrokers, der zur Schließung eines Informationsdefizits seine Kenntnisse der informellen Netzwerke, der Informationstechnik sowie sämtlicher Informationsressourcen einsetzt.

Die Einrichtung organisationsinterner Wissensbroker ist jedoch nicht völlig unproblematisch. So existiert Unsicherheit über die Sicherheitsrisiken der Konzentration wettbewerbsrelevanten Wissens auf einen engen Personenkreis. Auch finanzielle Überlegungen sind vor allem bei kleinen und mittleren Unternehmen oftmals mit der Besetzung einer solchen Stabsstelle verbunden, da der Erfolg der dadurch erreichten Wissensmultiplikation nur schwer meßbar ist.[59]

2.2.2.2 Organisationsexterne Wissensträger

Wird bei der Gegenüberstellung von intern vorhandenem und notwendigem Wissen oder auch bei der Erstellung von Wissenskarten ein organisatorisches Wissensdefizit festgestellt, das durch interne Wissensmultiplikation und Wissensentwicklung nicht in einem angemessenen Zeitraum gedeckt werden kann, müssen externe Wissensquellen wie beispielsweise externe Individuen, Beratungsunternehmen, Forschungsinstitutionen, Sta-

---

[57] Vgl. Schüppel (1996), S. 201; Bullinger et al. (1998a), S. 13
[58] Vgl. Güldenberg (1997), S. 269ff.
[59] Vgl. Bullinger et al. (1998a), S. 13ff.

keholder[60], technische Speichermedien oder immateriell rechtliche Wissensträger identifiziert werden.[61]

Dabei stellt sich das Problem, daß den Organisationsmitgliedern organisationsfremde Experten, Netzwerke und auch das äußere Wissensumfeld meist unbekannt sind. Dies ist in der Masse externer Informationen begründet, die vom Individuum nicht mehr zu verarbeiten ist und somit zur Schaffung von *Selektionmechanismen* führt, die jedoch oftmals eine Einschränkung der Wahrnehmung unbewußt relevanter Wissensfelder zur Folge hat.[62] Knowledge Management muß also die Rahmenbedingungen zur Identifikation *relevanter* externer Wissensträger schaffen, indem ein „Gleichgewicht zwischen schädlicher und gesunder Ignoranz sowie zwischen überlastender und anregender Informationsflut"[63] hergestellt und Netzwerke mit dem externen Wissensumfeld aufgebaut werden.[64]

Sind wesentliche Wissenspotentiale in extern zugänglichen Informationsbeständen wie beispielsweise dem Internet zu erwarten, kann der Aufbau einer geeigneten technischen *Infrastruktur* für die Identifikation organisationsfremder Wissensträger hilfreich sein. Dies setzt jedoch voraus, daß Wissensziele und Wissensdefizit bekannt und die externen Wissensquellen zugänglich sind.

Soweit noch keine Transparenz über extern vorhandenes Wissen, beispielsweise bei Konkurrenten, herrscht, wird oftmals die Methode des *Benchmarking* verwendet, die in einer Vergleichsanalyse die Leistung der eigenen Organisation mit der von konkurrierenden Unternehmen vergleicht. Die Ergebnisse einer solchen Untersuchung können als *Wettbewerbsmatrize* dargestellt werden, die Aufschluß über Wissensgebiete, eigene Wissensdefi-

---

[60] Als ‚Stakeholder' einer Organisation werden diejenigen Gruppen bezeichnet, die im Organisationsumfeld besondere Interessen und Ansprüche an die Tätigkeiten eines Unternehmens richten (vgl. Bullinger et al. (1998a), S. 14). Dazu zählen beispielsweise Kunden, Lieferanten und Kooperationspartner.

[61] Vgl. Schüppel (1996), S. 220ff.

[62] Vgl. Probst (1997), S. 127ff.

[63] Vgl. ebenda, S. 128

[64] Vgl. ebenda, S. 133

zite und die Qualität vorhandener Information geben kann und somit den Bedarf für eine gezielte externe Beschaffung von Wissen klärt.[65]

Diese Methodik liefert somit die Basis für eine Entscheidung über Wissenserwerb oder Wissensentwicklung, d.h. ob Wissen durch Inanspruchnahme externer Quellen, beispielsweise von *Wissensbrokern* in Form von Beratungsunternehmen oder Forschungsinstitutionen mit hoher Expertise in spezifischen Wissensgebieten, erworben oder durch Nutzung eigener Mittel intern entwickelt werden soll.

2.2.3 Akquisition externen Wissens

Die erhöhte Komplexität des Wettbewerbs und der beschleunigte Bedarf für den Aufbau von Zukunftskompetenzen erfordert eine gezielte Akquisition von Wissen, soweit dieses von einer Organisation aus eigener Kraft und in einem angemessenen Zeitraum nicht entwickelt werden kann.

Eine besondere Problematik für den Wissenserwerb stellt die *mangelnde Transparenz* externer Wissensmärkte dar. Die Qualität externen Wissens ist nur schwer bewertbar, da das zukünftige Potential eines Wissensobjekts nur schwer zu quantifizieren ist. Zudem treten wertvolle Objekte meist nicht auf offiziellen Märkten auf, sondern werden oftmals durch persönliche Beziehungen oder Insiderkenntnisse vermittelt.

Zudem stößt der Wissenserwerb in der Organisation oftmals auf Barrieren, die die Akquisition, Adoption und Multiplikation externer Wissensbestände erschweren oder verhindern können. Güldenberg nennt dabei unter anderem:[66]

- Fehlende Möglichkeiten der *strukturellen Verknüpfung* externen Wissens mit bestehenden Wissensstrukturen

- Mangelnde *Akzeptanz* extern beschafften Wissens bei Organisationsmitgliedern („not invented here'-Syndrom[67])

---

[65] Vgl. Bullinger et al. (1998a), S. 15
[66] Vgl. Güldenberg (1997), S. 261ff.
[67] Vgl. Probst (1997), S. 149

- *Kommunikations- und Sprachbarrieren* zwischen der Organisation und deren Umfeld

- Mangelnde Kenntnis der relevanten externen *Wissensträger*

- Mangelnde Wahrnehmung über Existenz externer *Wissensbestände*

Während Akzeptanz-, Adoptions- und Kommunikationsprobleme extern beschafften Wissens in der Organisation eine Anpassung der Organisationskultur erfordert, um persönliche und kollektive Widerstände und Ängste gegen fremde Einflüsse abzubauen, ist die Schaffung interner Wissenstransparenz zur Identifikation des zu akquirierenden Wissens erforderlich.

Wurde ein Wissensdefizit erkannt, muß eine Auswahl der Art des extern zu beschaffenden Wissens getroffen werden. Auf Wissensmärkten stehen folgende Arten zur Disposition:[68]

- Wissen externer Wissensträger (Experten)

- Wissen anderer Organisationen

- Stakeholderwissen

- Wissensprodukte

2.2.3.1 Erwerb von Expertenwissen

Eine dem Personalmanagement untergeordnete Methode des Wissenserwerbs ist die gezielte Einstellung von *Experten*, die an sich gebundenes Wissen in die Organisation einbringen und die organisatorische Wissensbasis um spezifische Wissensfelder erweitern. Dies ermöglicht also die Erschließung der individuellen, impliziten und expliziten Wissensbasis eines Spezialisten.

Die Rekrutierung von Experten kann sich jedoch als problematisch erweisen, soweit nicht die Definition von Wissenszielen bei der Erstellung des Anforderungsprofils und der entsprechenden Suchkriterien berücksichtigt wird.[69] Auch hier wird also eine ausgeprägte

---

[68] Vgl. Probst (1997), S. 148

[69] Vgl. ebenda, S. 153ff.; vgl. auch Kapitel 2.2.1

Transparenz der eigenen Fähigkeiten und Fertigkeiten benötigt, um eine wirkungsvolle Wissensakquisition durch Einstellung neuer Mitarbeiter zu erreichen.

Die Möglichkeiten der Einstellung von Spezialisten wird in der Praxis nur unzureichend genutzt, da Unternehmen zunehmend dazu übergegangen sind, Experten nur zeitlich begrenzt zu beschäftigen[70], beispielsweise durch Beauftragung von Unternehmensberatungen, Marktforschungsinstitutionen, universitärer Lehrstühle, externer Expertennetzwerke oder Unternehmensverbände. Während diese zeitweilige Beschäftigung von Experten zweifellos finanzielle und personalpolitische Vorteile hat, kann dies auch den Abfluß sensitiven Wissens zur Folge haben und die Chance der Vernetzung des Expertenwissens in der Organisation schmälern.[71]

2.2.3.2 Erwerb von Wissen anderer Organisationen

Der genannten personellen Wissensbeschaffung steht die *organisatorische Wissensakquisition* gegenüber. Deren Ziel ist es, beispielsweise anhand einer Unternehmensakquisition, organisatorische Wissensbestände zur erwerben, die intern nicht in angemessener Zeit entwickelt werden könnten. Ein solcher Schritt ist jedoch oftmals nicht nur aus finanziellen und unternehmenskulturellen Aspekten problematisch, sondern es kann sich auch eine Inkompatibilität zwischen den Wissensbasen beider Unternehmen herausstellen.[72] Ein kooperativer Ansatz, beispielsweise durch die gemeinsame Definition von Wissens- und Lernzielen in strategischen Allianzen mit Unternehmen und Institutionen, ist hinsichtlich eines erfolgreichen Wissenserwerbs oftmals wirkungsvoller.

2.2.3.3 Erwerb von Stakeholder-Wissen

Eine verbreitete Praxis zum Erwerb neuen Wissens ist die Einbindung *von Stakeholder-Wissen*. Als Stakeholder werden diejenigen Gruppen bezeichnet, „die im Organisationsumfeld besondere Interessen und Ansprüche an die Tätigkeiten eines Unternehmens rich-

---

[70] Vgl. Bullinger et al. (1998a), S. 14
[71] Vgl. Probst, S. 158; Bullinger et al. (1998a), S. 14
[72] Vgl. Probst (1997), S. 161ff.

ten."[73] Dazu zählen beispielsweise Kunden, Lieferanten, Eigentümer, Kooperationspartner, Medien und auch die ‚allgemeine Öffentlichkeit', die durch eine eigene Sichtweise auf Produkte, Prozesse und Kundenbedürfnisse einen entscheidenden Beitrag in der Entwicklung neuer Ideen, Produkte und damit des organisationsinternen Wissens leisten können.[74]

Der Erwerb von Stakeholder-Wissen ist dabei nicht nur auf die Untersuchung und Beobachtung des Organisationsumfelds zu beschränken, sondern sollte auch die aktive Einbeziehung von Kunden und Kooperationspartnern in eigene Entwicklungsprozesse einschließen.[75] Im Softwarebereich wird beispielsweise zunehmend dazu übergegangen, den Prototyp eines Produkts frei verfügbar zu machen, um einen Prozeß der Externalisierung implizit vorhandenen Benutzerwissens anzustoßen, das durch Feedback-Kanäle in die weitere Entwicklung einfließen kann.

2.2.3.4 Erwerb von Wissensprodukten

Als vierte Möglichkeit des Wissenserwerbs dient die Beschaffung von *Wissensprodukten*. Deren einfachste Art ist das in *technischen Speichermedien* wie CD-Roms, elektronischen Archiven und Datenbanken und CBT-Software[76] materialisierte Wissen[77]. Sie dienen hauptsächlich zur Deckung quantitativer Wissenslücken.[78] Die Integrationsfähigkeit dieser Medien hängt jedoch stark von der Kompatibilität mit der organisatorischen Wissensbasis ab.

Weiterhin kann der Erwerb von Wissensprodukten durch die Akquisition von ‚quasi-materialisiertem' Wissen[79] in Form *immateriell-rechtlicher Wissensträger*[80], beispielsweise

---

[73] Vgl. Bullinger et al. (1998a), S. 14

[74] Vgl. Probst (1997), S. 163ff.

[75] Vgl. ebenda, S. 165ff.

[76] Computer Based Training (CBT) Software dient der computerbasierten Schulung von Mitarbeitern in einer spezifischen Fragestellung. Sie erweitert herkömmliche Schulungen um Möglichkeiten der ständigen interaktiven Überprüfung des Gelernten und ermöglicht das gleichzeitige Training räumlich verteilter Mitarbeiter. Vgl. dazu Kapitel 4.2.3

[77] Vgl. Schüppel (1996), S. 224

[78] Vgl. Probst (1997), S. 171

[79] Vgl. Albrecht (1993), S. 143ff.

[80] Vgl. Schüppel (1996), S. 224

in Form von Patenten, Lizenzen, Entwicklungs- oder Franchisingverträgen[81], erfolgen. Dies setzt jedoch voraus, daß Wissensdefizite, beispielsweise durch einen Vergleich mit Patentierungsstrategien der Konkurrenten, erkannt wurden, und impliziert daher das Vorhandensein einer Transparenz des eigenen *Patent-Portfolios*, um den externen Erwerb eigentlich intern vorhandener, aber ungenutzter Wissenspotentiale zu vermeiden.

Wissen kann auch durch starke Orientierung an konkurrierenden Erzeugnissen erworben werden. Einerseits ist dies durch direkte *Imitation* fremder Konzepte, andererseits durch ‚*Reverse Engineering'*, d.h. einer Analyse der Konstruktion konkurrierender Produkte im Vergleich mit den eigenen Produktionsverfahren, zu erreichen.[82]

Der Wissenserwerb ist ein wirksames Instrument zur Erschließung von Wissensfeldern, deren Entwicklung intern nicht möglich gewesen wäre. Dies setzt jedoch ein hohes Maß an Transparenz organisationsinterner Wissensbestände und eine hohe Bereitschaft zur Akzeptanz fremden Wissens voraus. Allerdings stehen diese Maßnahmen auch konkurrierenden Organisationen offen. Die Wissensakquisition darf daher nicht isoliert, sondern hauptsächlich aus dem Blickwinkel betrachtet werden, wie wirkungsvoll erworbenes Wissen in die eigene Wissensbasis integriert und organisationsintern weiterentwickelt wird.

2.2.4 Entwicklung internen Wissens

Während sich die traditionelle Auffassung von Wissensentwicklung hauptsächlich an der „Entwicklung und Anwendung neuer natur- und ingenieurwissenschaftlicher Erkenntnisse" orientierte, umfaßt ein ganzheitlicher Knowledge-Management-Ansatz sämtliche organisatorischen Lernprozesse, insbesondere auch soziale Phänomene in der Organisation.[83] Im Mittelpunkt stehen also nicht nur die klassische Forschung und Entwicklung, sondern auch individuelle und kollektive Wissensentwicklungsprozesse. Demnach umfaßt „Wissensentwicklung alle Managementanstrengungen, mit denen die Organisation sich bewußt um die

---

[81] Vgl. Albrecht (1993), S. 145
[82] Vgl. Probst (1997), S. 170ff.
[83] Vgl. ebenda, S. 179ff.

Produktion bisher intern noch nicht bestehender oder gar um die Kreation intern *und extern* noch nicht existierender Fähigkeiten bemüht."[84]

Eine Organisation kann neues Wissen jedoch nur auf Grundlage bestehender Strukturen und ihrer zur Verfügung stehenden individuellen, kollektiven und organisatorischen Wissensbestände generieren.[85] Je mehr Wissen in den Problemlösungsprozeß eingebracht wird, desto wahrscheinlicher ist die Entwicklung des dafür relevanten Wissens, da „die Gesamtmenge an Wissen die strukturelle Plastizität der Organisation erweitert"[86]. Dementsprechend müssen individuelle und kollektive Entwicklungsprozesse gezielt gefördert werden, um die Rahmenbedingungen für eine effektive Wissensgenerierung zu schaffen.

2.2.4.1 Individuelle Wissensentwicklungsprozesse

Individuelle Entwicklungsprozesse lassen sich in eine systematische und eine chaotische Komponente unterteilen. Während das systematische Element in Form der Problemlösungskompetenz des Individuums eine Abfolge von mehrphasigen Prozessen darstellt, die der Lösung komplexer *Probleme* dienen, ist die chaotische Komponente ein einmaliger, kreativer Schöpfungsprozeß neuer *Ideen*.[87]

Beide Komponenten haben eine erhebliche Bedeutung für die Schaffung neuen Wissens in der Organisation. Knowledge Management muß dabei geeignete Rahmenbedingungen für die Entfaltung eines kreativen und problemlösungsfördernden Umfelds schaffen. Diese *Kontextsteuerung* stellt sich in Faktoren wie der Schaffung struktueller und individueller Freiräume, der Harmonisierung individueller und organisatorischer Entwicklungsinteressen, der Implementierung von Kreativitätstechniken und dem innovationsfördernden Umgang mit Fehlern durch Akzeptanz einer ‚trial and error'-Vorgehensweise dar.[88] Auch die

---

[84] Bullinger et al. (1998a), S. 15
[85] Vgl. Güldenberg (1997), S. 254
[86] Vgl. ebenda, S. 254
[87] Vgl. Probst (1997), S. 184ff.; Bullinger et al. (1998a), S. 15
[88] Vgl. Probst (1997), S. 186ff.

Duldung von Informations- und Wissensredundanzen fördert die kreative Wissensgenerierung außerhalb des festgelegten Zuständigkeitsbereichs eines Organisationsmitglieds.[89]

Das klassische praktische Beispiel für die Förderung individueller Wissensentwicklung, die der organisatorischen Innovation dient, ist die Einrichtung eines *betrieblichen Vorschlagswesens*. Die Effektivität dieses Instruments ist jedoch nur bei entsprechender Motivation des Mitarbeiters durch finanzielle Honorierung, unmittelbares thematisches Feedback und eine schnelle Umsetzung gewährleistet, und erfordert somit eine Revitalisierung und Neuinterpretation dieses Konzepts in Richtung eines umfassenden *Innovationsmanagements*.[90]

Der Versuch, ein Anreizsystem für die Bereitstellung von personengebundenem Wissen zu schaffen, wodurch eine organisationsweite Weiterentwicklung dieses Wissens angestoßen werden kann, stellt die *Entlohnung nach dem Wissensumschlag* dar. Diese impliziert eine gesonderte finanzielle Belohnung desjenigen, dessen Wissensbasis möglichst umfassend und multiplikativ zum Einsatz kommt und der sie aus diesem Grund selbständig und kontinuierlich erweitert.[91] Wie die Messung des Wissensumschlags und die Wissensnutzung mit Hilfe von Informationstechnologie realisiert werden kann, zeigen Unternehmen wie Lotus[92], Buckman Laboratories, ABB[93] oder auch McKinsey. Am Beispiel der Unternehmensberatung soll dies nun näher erläutert werden.

Zu den bei der Entscheidungsfindung über die Beförderung eines McKinsey-Beraters beachteten Faktoren gehören unter anderem Qualität und Regelmäßigkeit der abgefaßten Projektberichte, individuelle Beiträge zum Aufbau und der Pflege der organisatorischen Wissensbasis sowie die dadurch ausgelöste Nachfrage nach vom Mitarbeiter verfaßten elektronischen Dokumenten, in denen systematisch Lernerfahrungen und das daraus abgeleiteten Wissen festgehalten werden.[94] Die meisten dieser Faktoren sind informationstech-

---

[89] Vgl. Nonaka/Takeuchi (1997), S. 95ff.

[90] Vgl. Bullinger et al. (1998a), S. 15; Probst (1997), S. 190ff.

[91] Vgl. Schüppel (1995), 202ff.

[92] Das Unternehmen Lotus macht die Leistungsbewertung seiner Kundendienstmitarbeitern zu 25% von deren Wissenstransferverhalten abhängig.

[93] Vgl. Davenport (1996), URL

[94] Vgl. Güldenberg (1997), S. 277ff.

nisch leicht zu erheben, stellen einen Motivationsfaktor für die Erhöhung der Qualität des Datenbanksystems dar und fördern somit auch die Erstellung des McKinsey-internen Expertenverzeichnisses ('Knowledge Resource Directories'), das allen Mitarbeitern Auskunft darüber gibt, welche Wissensressourcen und -potentiale wo im Unternehmen verfügbar sind.

Die Schaffung von *Motivationsfaktoren* für die Externalisierung des impliziten Wissens eines Organisationsmitglieds stellt also einen zentralen Punkt individueller Wissensentwicklung dar, da eines der stärksten Hemmnisse für die Bereitstellung individuellen Wissens die Befürchtung ist, sich selbst durch die Preisgabe des eigenen Expertenwissens redundant zu machen.[95] Die Kollektivierung individuellen Wissens ist jedoch aus Sicht der Organisation nötig, um durch eine Sichtbarmachung und Übertragung von Wissen die Auswirkungen des organisatorischen Wissensverlusts bei Abgang eines einzelnen Experten zu dämpfen.[96]

2.2.4.2 Kollektive Wissensentwicklungsprozesse

Gruppen oder Organisationen können Fähigkeiten und Eigenschaften entwickeln, die über die Summe der individuellen Fähigkeiten ihrer Mitglieder hinausgehen. Das *Team* steht daher im Mittelpunkt der Betrachtung kollektiver Wissensentwicklungs- und Lernprozesse. Probst führt den Prozeß der Überführung individuellen Wissens in kollektives Wissen auf folgende Schlüsselgrößen zurück:[97]

- Hohe Interaktion und Kommunikationsintensität
- Förderung von Offenheit und Vertrauen
- Definition realistischer kollektiver Wissensziele
- Integration individueller Wissensbestandteile
- Schaffung organisationsweiter Wissenstransparenz

---

[95] Vgl. Probst (1997), S. 194
[96] Vgl. ebenda, S. 194
[97] Vgl. ebenda, S. 195ff.

Die Feststellung, daß nur die Verbindung individueller ‚Wissensinseln' anhand von Beziehungen, Verhaltensweisen und *Interaktionen* zwischen den Organisationsmitgliedern zur Ausbildung organisationaler Intelligenz führt, bedingt den Aufbau eines engen Netzwerks zur Erreichung einer hohen Kommunikationsintensität. Diese erfordert jedoch die Schaffung eines Klimas der *Offenheit*, um die Berücksichtigung verschiedenster Sichtweisen und Meinungen zur konstruktiven Auseinandersetzung mit klar definierten, realistischen und vom Team bestimmten *Wissenszielen* zu gewährleisten. Der *Integration* individueller Wissensbestandteile in den Kontext eines kollektiven Wissensziels kommt dabei eine hohe Bedeutung zu. Dabei ist zusätzlich darauf zu achten, daß *Wissenstransparenz* in der Organisation zu einer Vermeidung von Parallelentwicklungen von Wissensfeldern durch Vernachlässigung organisationsintern schon vorhandenen Wissens führt.

In der Praxis hat die Berücksichtigung dieser Faktoren zur Bildung verschiedener Instrumente geführt, die kollektive Wissensentwicklungsprozesse fördern. Da sich jedoch Einrichtungen wie Kompetenzzentren (‚think tanks'), die sich der Exploration spezieller Wissensziele widmeten, aufgrund der Stabsfunktion oftmals weit von praktischen Erfahrungen entfernten, konzentrieren sich heute viele Instrumente auf die Nähe des Wissens zum Arbeitsprozeß, also zur Arbeit der Teams.[98] Zwei Grundrichtungen sind hierbei erkennbar: Die Verarbeitung von Projekterfahrungen einerseits, und das Lernen an simulierten Szenarien andererseits.

Die Verarbeitung projektbezogener Erfahrungen (‚*Lessons learned'*) bilden den Mittelpunkt des Interesses, da der *kollektive* Lernprozeß erst durch die Dokumentation kritischer Erkenntnisse und Problemstellungen nach Abschluß eines Projekts beginnt.[99] Das Potential unterschiedlicher Einschätzungen erschließt sich erst durch diese abschließende Evaluation, da einerseits individuelle Lernprozesse angestoßen werden und andererseits das Wesentliche der Erfahrungen für nachfolgende Projektteams zur erneuten Nutzung erhalten bleibt.[100] Dabei muß die Organisationskultur eine individuelle Bereitschaft zur of-

---

[98] Vgl. Probst (1997), S. 204ff.
[99] Vgl. Bullinger et al. (1998a), S. 15
[100] Vgl. Probst (1997), S. 208ff.

fenen Diskussion aufgetretener Fehler fördern, da die Bereitschaft des Einzelnen zur freiwilligen Offenlegung von Irrtümern essentiell für den kollektiven Lernprozeß ist.[101]

Während also ein klassischer Projektablauf lediglich die individuelle Wissensentwicklung fördert, ermöglicht die Integration der ‚Lessons learned' in den Projektablauf eine effektive Multiplikation der im Rahmen des Projekts erworbenen essentiellen Erfahrungen. Dieses kann in einem Kreislauf späteren Projekten zugeführt werden (vgl. Abbildung 2-5).

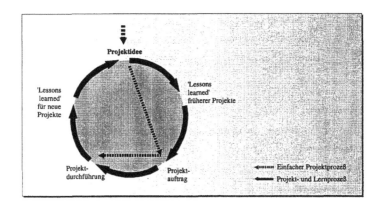

Abbildung 2-5: Wissensmultiplikation im Rahmen eines Projektprozesses

Quelle: Eigene Darstellung, in Anlehnung an Bullinger et al. (1998b), S. 29

Die auf zukünftige Problemstellungen gerichtete Methode der kollektiven Wissensentwicklung ist die *Szenario-Technik*.[102] Ein aus verschiedenen Bereichen der Organisation zusammengesetztes Team entwickelt dabei Lösungen für eine computersimulierte Problemstellung, die in Form einer Modell-Welt auch unvorhersehbare Ereignisse und Schwierigkeiten (‚worst-case' Szenario) beinhalten kann. Die realistischste Form der Szenarien stellen dabei sogenannte *Microworlds* dar, die sämtliche relevante Einflußparameter

---

[101] Vgl. Probst (1997), S. 211
[102] Vgl. ebenda, S. 212ff.

und Vernetzungen einer Organisation abbilden und somit eine realitätsnahe Simulation aller denkbaren Konstellationen erlauben.[103]

Der Kommunikationsprozeß innerhalb des Teams führt dazu, daß einerseits im Rahmen
des Planspiels eine enge Bindung der Teammitglieder verschiedenster Fachbereiche entsteht, die nach Abschluß der Simulation in der Regel erhalten bleibt, und andererseits
sämtliche Erfahrungen der Problemlösung in der Organisation bereitgestellt und verarbeitet werden können, also ein „mentaler Pfad in die Zukunft"[104] mit einer entsprechenden
Handlungsstrategie entwickelt wird. Dies führt bei realem Eintreffen einer in den Szenarien
durchgespielten Problematik zu einem erhöhten Reaktionsvermögen.

2.2.5 Wissensdistribution und Wissensteilung

> *Wer will, daß ihm die anderen sagen, was sie wissen,*
> *der muß ihnen sagen, was er selbst weiß.*
> *Das beste Mittel, Informationen zu erhalten, ist, In-*
> *formationen zu geben.*
>
> *Nicoló Machiavelli*

Wissensverteilung ist eine unerläßliche Voraussetzung für die organisationsweite Teilung
und Nutzung isoliert vorhandener Wissenselemente. Der Trend von individuellen zu kollektiven Arbeitsformen, d.h. zur Gruppenarbeit, zu Kooperationen und zur Virtualisierung
von Organisationen, stellt dabei neue Anforderungen an die Verteilungsstrukturen.
Knowledge Management muß daher die Rahmenbedingungen zur Steuerung des Wis-
sens(ver)teilungsumfangs schaffen. Beispiele für Maßnahmen sind hierbei:

---

[103] Vgl. Schüppel (1995), S. 248
[104] Vgl. ebenda, S. 247

- Aufbau einer Wissenslogistik (bzw. einer technischen Infrastruktur)

- Auswahl einer adäquaten Wissensverteilungsstrategie

- Beseitigung ökonomischer, rechtlicher, organisationaler, individueller und kultureller Barrieren

- Definition von Sicherheitsmaßnahmen der Wissensdistribution

2.2.5.1 Wissenslogistik und technische Infrastruktur

Unter dem Begriff Wissenslogistik werden „all jene Maßnahmen zusammengefaßt, mit denen das differenzierte Wissenspotential einer Organisation systematisch integriert wird, um sicherzustellen, daß bezüglich der anfallenden Problemstellungen das notwendige Wissen tatsächlich zur Verfügung steht."[105] Dies bedeutet, daß problemadäquates Wissen zur richtigen Zeit in der richtigen Menge und Qualität am richtigen Ort bereitgestellt werden sollte.

Die zunehmende Virtualisierung von Unternehmen hat dazu geführt, daß die klassische hierarchische Arbeitsstrukturen durch eine temporäre, problembezogene Teams abgelöst wurden, die unabhängig von ihrer organisatorischen Herkunft die gemeinsamen individuellen Wissensbasen in einen Problemkontext stellen und so zum kollektiven Lernprozeß beitragen.[106] Der Aufbau einer *technischen Infrastruktur* zur Wissensverteilung ist dabei von besonderer Bedeutung, um die einzelnen Teammitglieder zusammenzuführen. Sie ermöglicht den simultanen Austausch relevanten Wissens zwischen räumlich und zeitlich getrennten Experten über elektronische Netzwerke und damit eine verteilte Nutzung organisatorischer und individueller Wissensbestände. Positive Effekte können dabei erhöhte Reaktionszeiten und eine höhere Effizienz durch informiertere und dadurch qualitativ höherwertige Entscheidungen einschließen.

Die Verfügbarkeit ausgereifter Technologien zur Wissensverteilung steigt und ermöglicht daher anspruchsvollere Anwendungen, beispielsweise durch Groupware-, Workflow- oder MIS/EIS-Systeme, die spezielle Mechanismen für die Konsistenz, Koordination und Si-

---

[105] Vgl. Schüppel (1995), S. 205
[106] Vgl. ebenda, S. 206

cherheit des verteilten Wissens integrieren.[107] Da die direkte Kommunikation per E-Mail die simultane Verteilung widersprüchlicher Informationen erlaubt, ist die Konsistenz der Wissensbasis bei Konzentration auf diesem Übertragungsweg nicht gewährleistet. Vielmehr ermöglichen Groupware- und Workflow-Komponenten die Koordination von Prozessen der Wissensdistribution innerhalb von Teams und zwischen organisatorischen Gruppen. Dazu zählen beispielsweise:[108]

- Die Speicherung individuellen und kollektiven Wissens
- Die statische und dynamische Verknüpfung des Wissens anhand verschiedener Ordnungskriterien
- Die Suche nach Wissen anhand unterschiedlicher Ordnungskriterien

Wissenslogistik propagiert jedoch nicht den uneingeschränkten Einsatz von Informations- und Kommunikationstechnologien für eine möglichst umfassende Verteilung von Information und Wissen. Vielmehr ist nicht nur die Wahl des richtigen Mittels, sondern auch der angemessene *Umfang* des Einsatzes entscheidend für einen erfolgreichen Wissenstransfer. Nur eine *effiziente Verteilung des Wissens* auf Organisationsmitglieder ermöglicht eine Multiplikation des Wissens, da eine uneingeschränkte Distribution einerseits eine Überflutung des Individuums mit Informationen, andererseits den Verlust wettbewerbsrelevanten Kernwissens an Wettbewerber zur Folge haben kann.[109]

Probst schlägt aus diesem Grund den Einsatz *hybrider Systeme* vor, die eine Verbindung menschlicher Fähigkeiten und technischer Möglichkeiten in komplementärer Form verkörpern.[110] Es werden Vorzüge der menschlichen Denkfähigkeit hinsichtlich der Interpretation und Rekombination wenig strukturierter Wissensformen mit den Vorteilen der Informations- und Kommunikationstechnologie bei der Erfassung, Verarbeitung und Distribution hoch strukturierten und sich ständig novellierenden Wissens, kombiniert.[111] Diese Personi-

---

[107] Vgl. Probst (1997), S. 247
[108] Vgl. Schüppel (1996), S. 207
[109] Vgl. Probst (1997), S. 232ff.
[110] Vgl. ebenda, S. 252ff.
[111] Vgl. Davenport (1996), URL

fizierung von elektronischen Wissensbeständen, wie sie beispielsweise durch „pointers to people"[112] in einem Hypertextsystem ermöglicht wird, ermöglicht eine Identifizierung des Urhebers eines elektronischen Dokuments und damit eines relevanten Wissensträgers.

Zudem sind diese Experten eines ‚hybriden Systems' dabei behilflich, die Inhalte der elektronischen Wissensbasis zu pflegen, zu überwachen und zu klassifizieren, um deren einheitliche Struktur sicherzustellen. Kriterien dafür sind beispielsweise die Granulierung, d.h. die Gliederung des Wissens in sinnvolle elementare Einheiten, die grundlegende Darstellung des Wissens in bestimmten Schemata zur Unterstützung einer empfängergerechten Wahrnehmung, die Informationsablageorganisation, d.h. die thematische Einordnung, die Sicherstellung einer einheitlichen Sprachverwendung und die Überprüfung auf einen konsistenten Stand aller Dokumente.

2.2.5.2 Wissensverteilungsstrategien

Die Wahl einer Wissensverteilungsstrategie erfordert eine Abstimmung der geäußerten, subjektiven Wissensnachfrage, dem erforderlichen Wissensbedarf und dem Wissensangebot. Dabei kann zwischen dem *zentralen* und *dezentralen* Ansatz für Wissensnetzwerke unterschieden werden.

Die Realisierung von *Push-Methoden* folgt einem zentralen Ausgangspunkt, da die automatisierte Verteilung von zu multiplizierendem Wissen über klar definierte Kanäle an die entsprechenden Empfänger vorgenommen wird. Dies erfordert jedoch das Vorhandensein von Wissen über relevante Inhalte, Wissenskategorien und die dafür angemessenen Medien. Zudem orientiert sich diese Vorgehensweise oftmals am ‚top-down'-Prinzip und folgt den hierarchischen Wegen der Organisation.[113] Soweit ein Push-Dienst also nicht über aufwendige Methoden zur Kategorisierung und Relevanzbewertung der Inhalte verfügt und der Empfänger nicht genau festlegen kann, welche Informationen er benötigt, kann dies schnell zu einer Informationsüberlastung des Einzelnen führen.

---

[112] Vgl. Davenport (1996), URL
[113] Vgl. Probst (1997), S. 237ff.

Dezentrale, nachfrageinduzierte Wissensverteilungsstrategien arbeiten oftmals nach *Pull-Methoden* bzw. dem Nachfrager-Prinzip, d.h. das Organisationsmitglied wird mit Möglichkeiten ausgestattet, bei Erkennen eines Wissensdefizits ein Wissensnetzwerk zur Identifikation relevanter Wissensträger verwenden zu können.[114] Die Initiative zum Wissenstransfer geht bei diesem Ansatz also vom Individuum aus und fördert somit den bedarfsgerechten Zugriff auf Wissensbestände durch eine zur Organisationshierarchie querliegende Wissensinfrastruktur.[115]

2.2.5.3 Bereitschaft zur Wissensteilung

Neben technischen Aspekten und der Wahl einer angemessenen Wissensverteilungsstrategie zählt die Bereitschaft zur Wissensteilung zu den wichtigsten Punkten einer effizienten Wissensdistribution. Diese hat ihren Ursprung in der Unternehmenskultur, die meist auf die Schaffung und Beseitigung individueller und kollektiver Teilungsbarrieren entscheidenden Einfluß hat.[116] Ein schlechtes Vertrauensklima führt zur Errichtung machtbedingter Barrieren, beispielsweise durch die Schaffung von ‚Herrschaftswissen' als Machtbasis, und verhindert somit den Wissensfluß. Durch ein solches strategisches Verhalten werden in der Praxis oftmals Wissensmonopole aufgebaut. Selbst wenn die Organisationskultur zugunsten einer generellen individuellen Bereitschaft zur Wissensteilung verändert wird, stellt die Unkenntnis über den Wissensbedarf anderer Organisationsmitglieder eine bedeutende Barriere beim Wissenstransfer dar.[117] Informationstechnologie kann dementsprechend eine entscheidende Rolle dabei spielen, die Bereitschaft zur Wissensteilung aktiv zu fördern.

Die Beseitigung ökonomischer, rechtlicher, organisationaler, individueller und kultureller Barrieren stellen also einen sehr wichtigen Aspekt des Knowledge Managements dar. Aufgrund der Parallelität zur Wissensentwicklung (vgl. Kapitel 2.2.4) sollen sie jedoch an dieser Stelle nicht näher beschrieben werden.

---

[114] Vgl. Wissensidentifikation in Kapitel 2.2.2
[115] Vgl. Probst (1997), S. 238
[116] Vgl. ebenda, S. 257
[117] Vgl. Bullinger et al. (1998a), S. 18

2.2.5.4 Sicherheitsaspekte der Wissensverteilung

Wie bereits in Kapitel 2.2.5.1 beschrieben, muß ein Konzept der Wissensdistribution Sicherheitsaspekte berücksichtigen, um den unkontrollierten Wissensabfluß zu verhindern. Dies besitzt insbesondere in Bezug auf die elektronische Verteilung von Wissen eine hohe Relevanz, da Daten sehr einfach unautorisiert vervielfältigt werden können. Das Ziel des Knowledge Managements, den Wissensabfluß bei Austritt eines Organisationsmitglieds zu verhindern, würde dabei ins Gegenteil umgekehrt. Aus diesem Grund kann es sinnvoll sein, Organisationsmitgliedern den Zugriff auf wettbewerbsrelevante Kernwissensbestände zu verweigern. Andererseits kann ein allzu restriktives Sicherheitskonzept kontraproduktiv wirken und die Wahrnehmung relevanten Wissens sehr wirksam verhindern.

2.2.6 Wissensnutzung

Wissensidentifikation, Wissensentwicklung und Wissenserwerb allein erzeugen noch keinen Nutzen für eine Organisation. Vielmehr müssen organisatorische Wissensbestände auch angewendet werden. „Mit der Produktion von Wissen allein lassen sich noch keine Wettbewerbsvorteile gewinnen, sondern erst mit seiner Anwendung bei der Lösung von Aufgaben, die den Kunden Nutzen stiften."[118] Erst diese Wissensnutzung führt zu einem produktiven Einsatz organisatorischen Wissens[119], also der Umsetzung des Wissens in eine Handlung und Entscheidung.[120]

Die Wissensnutzung kann also als *Implementierungsphase* des Knowledge Managements verstanden werden, da Wissen durch Anwendung in Organisationsnutzen umgewandelt wird und somit quantifizierbar wird. Sie ist als zentraler Punkt aller Bausteine des Wissensmanagements zu sehen, da erst die Ausrichtung am Handlungszusammenhang der Organisationsmitglieder sicherstellt, daß in der Praxis auch tatsächlich eine Anwendung des als strategisch wichtig eingestuften und in der Organisation entwickelten Wissens vorgenommen wird. Die Bedürfnisse potentieller Wissensnutzer sollten daher auch bei der Rea-

---

[118] Vgl. Zahn (1998), S. 46
[119] Bullinger et al. (1998a), S. 19
[120] Vgl. Albrecht (1993), S. 90

lisierung der Knowledge-Management-Komponenten Wissensidentifikation, Wissensentwicklung und Wissenserwerb im Vordergrund stehen.

Ein zentraler Aspekt bei der Wissensnutzung ist erneut die Beseitigung von Barrieren.
Vielfach erweist sich die Anwendung ‚fremden' Wissens als problematisch, soweit kein
persönlicher Kontakt zwischen Wissensträger und Wissensnachfrager vorhanden ist. Das
individuelle Beharrungsvermögen, bewährte Verhaltensweisen beizubehalten, kann in
Form einer *Betriebsblindheit* sämtliche Bemühungen, Knowledge-Management-Systeme
einzuführen und damit wissensmultiplikative Prozesse in Gang zu setzen, scheitern lassen.[121]

Übertragen auf die Einrichtung einer technischen Infrastruktur zur Wissensdistribution bedeutet dies, daß bei Entwurf und Einführung eines Systems auf ein nutzungsorientiertes
Design großer Wert gelegt werden muß. Nicht nur die Vertrautheit des Einzelnen mit
elektronischen Medien, sondern auch die zugriffs- und anwenderfreundliche Gestaltung
des Systems sind essentielle Erfolgsfaktoren für die Akzeptanz eines elektronischen organisatorischen Gedächtnisses. Kriterien dafür sind:[122]

---

[121] Vgl. Probst (1997), S. 268
[122] Vgl. ebenda, S. 271 u. S. 277

Kriterium	Beschreibung
Einfachheit	Bedienungsfreundlichkeit und Ergonomie, einfache Lokalisation, Abruf und Speicherung des Wissens
Zeitgerechtheit	Schnelle Reaktionszeiten und Distributionsgeschwindigkeiten
Anschlußfähigkeit	Einheitliche Oberfläche für verschiedene Wissensanwendungen und Wissensbasen
Integration	Medienbruchfreie, einheitliche Darstellung verschiedener Informations- und Datentypen
Effizienz	Gezielter Zugriff auf relevante Teile der Gesamtinformation; direkter Zugriff auf assoziative Verbindungen (Hyperlink-Struktur)

Tabelle 2-3: Kriterien für die benutzerfreundliche Gestaltung einer Wissensinfrastruktur

Quelle: Probst (1997), S. 271 u. S. 277

Nur wenn auf diese Weise ein gezielter Zugriff auf relevante Teile der elektronisch gebundenen organisatorischen Wissensbasis möglich ist, wird der Einzelne ein solches System benutzen – denn alle Bemühungen des Knowledge Managements sind umsonst, wenn der potentielle Verwender des Systems nicht vom persönlichen Nutzen der Benutzung überzeugt ist[123] oder es nicht effizient im organisatorischen Alltag einsetzen kann. Neben der Implementierung von softwareergonomischen Grundsätzen kann dies auch rein organisatorische Konsequenzen haben, beispielsweise die Einleitung von Fortbildungsmaßnahmen für die Anwendung EDV-gestützter Knowledge-Management-Lösungen.

2.2.7 Wissensbewahrung

Neben der Erweiterung und Nutzung der organisatorischen Wissensbestände zählt die institutionelle Absicherung des individuellen und kollektiven Wissens einer Organisation zu den wichtigsten Aufgaben des Knowledge Managements, da einerseits durch Personal-

---

[123] Vgl. Bullinger et al. (1998b), S. 31

fluktuation wichtiges personengebundenes Wissenspotential verloren geht[124], und andererseits durch ständige Veränderung organisatorischer Wissensbestände und auch der Umwelt eine andauernde Validität des einmal erworbenen Wissens nicht gegeben ist.

Die Erfahrungen mit ‚Lean Management'-Konzepten der letzten Zeit hat gezeigt, daß in vielen Organisationen durch radikale Umstrukturierungsmaßnahmen eine fahrlässige Trennung von bedeutenden Wissensträgern stattfand.[125] Dabei ging wertvolles, personengebundenes Know-How verloren, das nur mit erheblichen finanziellen Aufwendungen wieder extern erworben werden konnte.[126] Diese Entwicklungen haben zur Erkenntnis geführt, daß mit Hilfe eines Knowledge-Management-Konzepts Maßnahmen ergriffen werden müssen, die die Abwanderungsgefahr von Schlüsselpersonen reduzieren, beispielsweise durch materielle Anreize und Austrittsbarrieren.[127] Des weiteren sollten Institutionalisierungsmechanismen etabliert werden, die eine „organisatorische Amnesie"[128] verhindern, indem sie das individuelle Wissen durch Externalisierung kollektivieren und unabhängig vom individuellen Wissensträger speicherbar machen[129], etwa mit Hilfe von Kommunikationstechnologien.[130]

Die Speicherung ist jedoch nur ein Aspekt zur Bewahrung einmal gewonnenen Wissens. Vielmehr kann diese Aufgabe in die Prozesse Wissensselektion, Wissensaufbereitung, Wissensspeicherung und Wissensaktualisierung unterteilt werden.

2.2.7.1 Wissensselektion

Eine Herausforderung der Wissensbewahrung liegt in der Selektion relevanten Wissens, d.h. die Trennung zwischen zukünftig wertvollen und wertlosen Wissenselementen vorzunehmen. Da beispielsweise die Ablage von verschiedenartigen Dokumenten oftmals routi-

---

[124] Ein prominentes Beispiel dafür ist die Werbeagentur *Saatchi & Saatchi*, die durch Weggang ihrer Unternehmensgründer Maurice und Charles Saatchi starke Wissens- und damit auch schmerzhafte Umsatzverluste hinnehmen mußte. Vgl. Schüppel (1996), S. 209ff.
[125] Vgl. Schmitz/Zucker (1996), S. 25
[126] Vgl. Probst (1997), S. 286
[127] Vgl. Schüppel (1996), S. 212
[128] Romhard (1997), S. 8
[129] Vgl. Nonaka/Takeuchi (1997), S. 81ff.; vgl. auch Kapitel 2.1
[130] Vgl. Schüppel (1996), S. 211

niert ohne weitere Reflexion vonstatten geht, muß sichergestellt werden, daß nur solche Wissensbestandteile zur Speicherung ausgewählt werden, die in Zukunft für einen Dritten von Nutzen sein könnten.[131]

Die Selektion relevanten Wissens ist nur schwer informationstechnisch zu bewältigen, da nur die menschliche Denkfähigkeit in den Bereichen der Interpretation und Rekombination gepaart mit dem impliziten Wissen des Einzelnen eine Beurteilung der zukünftigen Relevanz von Wissenselementen ermöglichen kann. Im Sinne von *hybriden Systemen*[132] unterstützt dann jedoch die Informations- und Kommunikationstechnologie die Aufbereitung und Speicherung des ausgewählten Wissens.

2.2.7.2 Wissensaufbereitung

Die Aufbereitung spielt für die spätere Nutzung gespeicherter Wissensbausteine eine entscheidende Rolle, da nur eine adäquate und einheitliche Darstellung zu einer später verarbeitbaren Wissensbasis führt. Knowledge Management muß daher entsprechende Maßnahmen, beispielsweise die Kategorisierung, kontextbezogene Redaktionierung, Integration von Wissensquellen, Wiederverwertung von Informationen und Anreicherung mit Mehrwertservices, ergreifen.[133]

Eine Schwierigkeit stellt dabei die *Kodierung* des Wissens in sprachlicher Form dar. Einerseits sind die Fähigkeiten jedes Einzelnen, Problemstellungen und Wissensbestandteile klar in Worte zu fassen, unterschiedlich ausgeprägt, andererseits kann die Diskrepanz des Verständnisses einer schriftlichen Dokumentation zwischen Ersteller und Leser erheblich sein. Mit der Erstellung von Wissensdatenbanken, Diskussionsforen und anderen elektronischen Medien zur langfristigen Speicherung von Wissensbeständen ist es daher unerläßlich, im Vorfeld eine kollektive Begriffsbildung auf Basis eines einheitlichen organisatorischen Fachwort- und Sprachverzeichnisses zu schaffen.[134]

---

[131] Vgl. Probst (1997), S. 294
[132] Vgl. Kapitel 2.2.5.1
[133] Vgl. Schäfer/Schnauffer (1997), S. 22
[134] Vgl. Probst (1997), S. 303

Im Zuge zunehmender Digitalisierung, in der die medienbruchfreie Aufnahme multimedialer Objekte unter einer einheitlichen Oberfläche möglich wird, kommt einer einheitlichen Aufbereitung der Daten, Informationen und des Wissens eine erhebliche Bedeutung zu. Die medienbruchfreie Verschmelzung von Bibliotheken, Zeitschriften, Ton-, Bild- und Textarchiven zu einem elektronischen Gedächtnis einer Organisation erfordert eine rigide Klassifikation auf Basis einer *einheitlichen Sprachverwendung*, da ansonsten bedeutendes Wissen zwar abgelegt, aber nicht mehr auffindbar ist.[135]

Ein solches ‚controlled dictionary‘ ermöglicht neben der aufwendigen manuellen Klassifikation auch die Möglichkeit der automatischen *Verschlagwortung* mit Analyseverfahren, die anhand von Kriterien wie beispielsweise Worthäufigkeit eine Zuordnung von Deskriptoren vornehmen.[136]

Ein weiterer Vorteil eines elektronischen Gedächtnisses gegenüber anderen Speicherformen stellt die Möglichkeit der Erstellung von Verknüpfungen mit anderen Wissensdokumenten dar, die es dem Benutzer erlauben, in einem interaktiven Suchprozeß analog zu menschlichen Gedankengängen von Dokument zu Dokument zu springen.[137] Eine solche *Hypertext-Struktur* ermöglicht die einfache Identifikation verwandter gespeicherter Wissensbausteine. Eine systematische Pflege solcher Hypertext-Verknüpfungen ist jedoch in einem dynamischen System mit einem hohen Grad der Veränderung sehr aufwendig und trotzdem fehlerträchtig, wie am Beispiel der oftmals ungültigen Verknüpfungen auf WWW-Seiten des Internets beobachtet werden kann.

2.2.7.3 Wissensspeicherung

Wissensspeicherung hängt insbesondere von verfügbaren Speichermedien ab, die die organisatorische Wissensbasis unabhängig von den einzelnen Organisationsmitgliedern sichern. Die Speichermedien lassen sich dabei grundsätzlich in natürliche, kulturelle und künstliche Speichermedien aufteilen.[138] Während Menschen, Gruppen und Wissensgemeinschaften als

---

[135] Vgl. Probst (1997), S. 307
[136] Vgl. ebenda, S. 308
[137] Vgl. ebenda, S. 308
[138] Vgl. Güldenberg (1997), S. 266

natürliche und organisatorische Routinen, Archetypen und Unternehmenskultur als kulturelle Speichersysteme nur bedingt eine personenunabhängige Wissensbewahrung bewirken können, ermöglichen künstliche Speichersysteme, beispielsweise in Form von Datenbanken, Expertensystemen und neuronalen Netzen[139], den zukünftigen, systematischen und personenunabhängigen Zugriff auf organisatorische Wissenselemente. Gerade die Wissensspeicherung setzt jedoch eine klare Definition der relevanten Wissensfelder einer Organisation sowie ein hohes Maß an Disziplin bei der einheitlichen Kategorisierung und Ablage der Wissenselemente voraus.

2.2.7.4 Wissensaktualisierung

Wissen besitzt eine außerordentlich hohe Volatilität. Aufgrund dieser „Halbwertszeit des Wissens"[140] von im Schnitt fünf Jahren (vgl. Abbildung 2-6) muß nicht nur das Management gegenwärtiger Wissenspotentiale, sondern auch das des zukünftigen Wissens betrachtet werden.[141]

---

[139] Vgl. Güldenberg (1997), S. 274
[140] Vgl. Charlier et al. (1994), S. 120ff.
[141] Vgl. Schüppel (1996), S. 237ff.

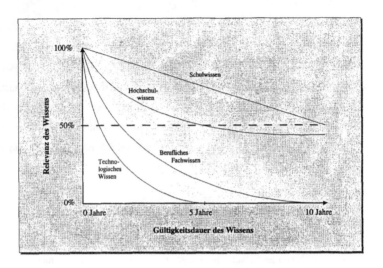

Abbildung 2-6: Halbwertszeit des Wissens anhand ausgewählter Beispiele

Quelle: In Anlehnung an Schüppel (1996), S. 238; Charlier et al. (1994), S. 120

Um auch bei späteren Problemstellungen adäquates Wissen zur Verfügung zu haben, ist auf eine ständige Aktualisierung der organisatorischen Wissensbasis zu achten. Diese geschieht in erster Linie mit Maßnahmen der Wissensakquisition und kollektiven Wissensentwicklung, beispielsweise durch kontinuierliche Verbesserungsprozesse, Simulationen von Szenarien, Schaffung von Freiräumen für Experimente und Instrumenten der Personal- und Teamentwicklung.[142]

Speziell in Bezug auf die Verwendung von Informations- und Kommunikationssystemen für Aufgaben des Knowledge Managements sind jedoch noch weitere Punkte zu beachten, da speziell diese Werkzeuge mit ihrer nahezu unbegrenzten Speicherkapazität dazu verleiten, alle greifbaren Informationsressourcen dauerhaft zu speichern und nicht regelmäßig auf ihre Gültigkeit und Aktualität zu überprüfen. Eine unkontrolliert schnell anwachsende Datenbasis führt jedoch innerhalb kürzester Zeit zu Wahrnehmungsproblemen in Form eines ,information overload' und verhindert so eine Identifikation relevanten Wissens. Die

---

[142] Vgl. Schüppel (1996), S. 245ff.; vgl. auch Kapitel 2.2.4

‚Todesspirale' einer elektronischen Wissensbasis (vgl. folgende Abbildung) kann die Folge

sein.

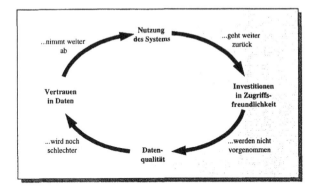

Abbildung 2-7: Todesspirale einer elektronischen Wissensbasis

Quelle: Probst (1997), S, 310

Zu den organisatorischen Lernprozessen gehören somit nicht nur das Erlernen von neuem, sondern auch das Verlernen von altem Wissen.[143] Insofern müssen Maßnahmen veranlaßt werden, die sicherstellen, daß analog zum menschlichen ‚Vergessen' irrelevante Wissensbestände aussortiert und aus dem elektronischen organisatorischen Gedächtnis entfernt werden, beispielsweise durch Auswertung des Dokumentflusses oder der Zugriffsstatistik auf einzelne Elemente.

2.2.8 Wissensbewertung und Wissenscontrolling

Zu den schwierigsten Aufgaben des Knowledge Managements gehört die Bewertung organisationalen Wissens, da für Wissen und Fähigkeiten nur wenige brauchbare Indikatoren und Meßverfahren existieren.[144] Um den Kreislauf der Bausteine des Knowledge Management, wie in Abbildung 2-4 dargestellt, zu vollenden, muß jedoch eine Prüfung der Qualität der formulierten Wissensziele anhand einer Erfolgsbewertung vorgenommen wer-

---

[143] Vgl. Zahn (1998), S. 46

[144] Vgl. Bullinger et al. (1998b), S. 32

den, denn erst wenn die Produktivität des Wissens in der Art eines ROK – Return On Knowledge – gemessen werden kann, erhält es die angemessene Aufmerksamkeit des Managements.[145] Wissensbewertung stellt daher eine essentielle Voraussetzung zur Einschätzung der Effizienz von Knowledge Management dar.

Für die Bewertung von normativen, strategischen und operativen Wissenszielen wurden die folgenden Methoden entwickelt:[146]

Wissensziele	Bewertungsmethoden
Normativ	• Kulturanalysen
	• Verhalten (z.B. Agenda-Analysen)
	• Glaubwürdigkeitsanalysen
Strategisch	• Wissensbilanz inkl. Kompetenz-G+V
	• Wissensflußrechnung in Bereichen des Kernwissens
	• Analyse des Kompetenzportfolios
	• Controlling der bedeutendsten Wissensprojekte
Operativ	• Ausbildungscontrolling mit klaren Lerntransferzielen
	• Messung der Systemnutzung (im Intranet)
	• Erstellung individueller Fähigkeitsprofile

Tabelle 2-4: Ansätze zur Bewertung von Wissenszielen

Quelle: In Anlehnung an Bullinger et al. (1998b), S. 33

Analog zu fehlenden wissenschaftlichen Konzepten mangelt es in der Praxis bis heute auch an Instrumenten und Werkzeugen für die Wissensbewertung.[147] So existieren zwar verschiedene Ansätze, im operativen Bereich mit Hilfe von Informations- und Kommunikationstechnologie den Nutzungsgrad gespeicherter Wissensbestände vorzunehmen, doch eine Bewertung und Bilanzierung des Umfangs und der Qualität des Wissens im engeren Sinne stellt dies nicht dar.

---

[145] Vgl. Schmitz/Zucker (1996), S. 20
[146] Vgl. Bullinger et al. (1998b), S. 33
[147] Vgl. ebenda, S. 20

2.3 Instrumente und Werkzeuge des Knowledge Managements

Über die Fragestellung, was ein Knowledge-Management-Werkzeug ausmacht und welche Funktionalitäten es bieten sollte, besteht bis heute noch kein wissenschaftlicher Konsens. Vielmehr ist selbst die Fragestellung, ob Technologie überhaupt fähig ist, menschliches Wissen angemessen zu erfassen, nachzubilden oder gar zu erzeugen, umstritten.[148] Es existieren daher unzählige Modelle für die technologische Umsetzung von Knowledge Management, so daß im Rahmen dieser Arbeit an dieser Stelle lediglich eine Auswahl vorgestellt werden kann, um einen Einblick in die Aufgaben und Funktionen eines solchen Systems zu geben.

Wie in Kapitel 2.2.1 beschrieben, dient das Knowledge Management primär der Erreichung normativer, strategischer und operativer Wissensziele. Somit greift die alleinige Betrachtung von Informationssystemen zu kurz, da diese oftmals lediglich die technisch-operative Komponente der Speicherung, Verarbeitung und Verteilung expliziten Wissens erfassen. Vielmehr sollten auch bei der Betrachtung von Technologien eine ganzheitliche Berücksichtigung der drei Hauptgestaltungsdimensionen Mensch-Organisation-Technik erfolgen.[149]

Allweyer stellt als Bezugsrahmen daher ein Vier-Ebenen-Konzept für das Knowledge Management vor, das ähnlich dem Probst-Modell die Elemente Wissensziele, Wissensidentifikation, Wissensentwicklung, Wissensdistribution, Wissensnutzung, Wissensbewahrung und Wissenscontrolling umfaßt.[150] Interessant erscheint dabei die zugrundeliegende ganzheitliche Informationssystemarchitektur, die den Bausteinen des Knowledge Managements verschiedene heute verfügbare Standardtechnologien zuordnet und so Implementierungsansätze zu einem umfassenden Knowledge-Management-System kombiniert (vgl. folgende Tabelle 2-5).

---

[148] Vgl. Ruggles (1997), S. 4ff.
[149] Vgl. Bullinger et al. (1998a), S. 21

Ebene	Beschreibung der Ebene	Technologie
Gestaltung	• Modellierung und Analyse der Wissensverarbeitung • Knowledge Process Redesign	• Werkzeuge zur Modellierung und Dokumentation der Wissensverarbeitung • Modellanalyse • Navigation durch komplexe Modelle
Management	• Durchführung spezifischer Wissensprozesse • Controlling und Monitoring der Wissensverarbeitung • Verbesserung der Wissensverarbeitung	• Tools und Funktionen zum Controlling und Monitoring der Wissensverarbeitung
Steuerung	• Verteilung und Austausch von Wissen • Suche nach und Zugriff auf Wissen	• Groupware • Intranet • Suchmaschinen
Anwendung	• Entwicklung von Wissensinhalten • Dokumentation von Wissen • Anwendung von Wissen	• Office-Anwendungen • CAD • Datenbanken • Wissensbasierte Systeme

Tabelle 2-5: Technologien für das Wissensmanagement in Vier-Ebenen-Architektur

Quelle: In Anlehnung an Allweyer (1998), S. 41 u. S. 45

Da es sich bei den vorgeschlagenen Werkzeugen teilweise um Standard-Informations- und Kommunikationstechnologie handelt, stellt sich die Frage nach der Abgrenzung zwischen Knowledge-Management-Werkzeugen und denen des klassischen Informationsmanagements, da beide Ansätze aus technischer Sicht im wesentlichen der Verarbeitung und Distribution strukturierter und unstrukturierter Informationen dienen. Identische Basistechnologien des Informationsmanagements (wie Groupware, Intranet-Technologie und Datenbanken) werden daher für unterschiedliche Ziele – die Erzeugung, Kodifizierung und

---

[150] Vgl. Allweyer (1998), S. 40ff.

Übertragung von Wissen zum Aufbau einer Wissensbasis einerseits[151], die Verarbeitung, Wiedergabe und Distribution von Information andererseits – eingesetzt.

Ruggles erläutert die Unterschiede dahingehend, daß klassische Informationsmanagement-Werkzeuge in Form informations- und datenverarbeitender Applikationen nicht imstande sind, der Komplexität des Wissenskontexts und der Reichhaltigkeit von Wissen angemessen Rechnung zu tragen.[152] Vielmehr verfolgen diese *Organizational-Memory-Systeme*[153] das Ziel, die Interaktionshäufigkeit und -qualität zwischen Wissensnachfragern und potentiellen Experten zu steigern.[154] Zu diesem Zweck wird von Organisationsmitgliedern erzeugtes Wissen unterschiedlichsten Formats in möglichst strukturierter Form gespeichert, verbunden und ständig aktualisiert[155], um das Auffinden von Wissensbeständen und Wissensträgern erheblich zu erleichtern.[156]

Wie das hierarchische Beziehungsmodell der Begriffe Daten, Information und Wissen[157] andeutet, stellen Organizational-Memory-Systeme aufgrund der höheren Komplexität und Kontextabhängigkeit von Wissen eine Weiterentwicklung herkömmlicher Informationssysteme auf höherem Niveau dar. Lehner ordnet beispielsweise Organizational-Memory-Systeme der momentan höchsten Entwicklungsstufe der Informationstechnologie zu, die im Zuge stufenweiser organisatorischer Fortschritte vom Datenmanagement über das Informationsmanagement hin zum Wissensmanagement entstanden ist und vorhergehende Stufen um die Modellierung und Unterstützung dynamischer Prozesse und die Unterstützung des organisatorischen Lernens erweitert.[158] Die folgende Abbildung 2-8 illustriert

---

[151] Vgl. Ruggles (1998), S. 3

[152] Vgl. ebenda, S. 3

[153] An dieser Stelle werden die Termini ‚Organizational Memory System' (OMS) und ‚Knowledge-Management-System' entsprechend ihrer Verwendung in den angeführten Quellen parallel verwendet. Dies bedeutet jedoch nicht, daß diese Konzepte vollständig übereinstimmen. Eine Abgrenzung kann im Rahmen dieser Arbeit jedoch nicht erfolgen, da allein für den Begriff OMS „so viele Sichtweisen [...] wie Autoren" existieren (Ackerman (1996), URL). Da die Zielsetzungen, die organisationale Wissensbasis mit Hilfe von IuK-Technologie zu erschließen und erweitern und die dazu nötigen Aufgaben, Funktionen und Verfahren zu unterstützen (vgl. Lehner (1998), S. 8), jedoch weitgehend übereinstimmen, wird hier von einer detaillierten Abgrenzung abgesehen.

[154] Vgl. Stein/Zwass (1995), S. 91

[155] Vgl. Isakowitz (1993), S. 364

[156] Vgl. Ackerman (1994), URL

[157] Vgl. Abbildung 2-1, S. 10

[158] Vgl. das Modell der Entwicklungsstufen von Informationssystemen und Organisationen in Lehner (1998), S. 5

diesen Ansatz der Entwicklung von Werkzeuge zur elektronischen Verarbeitung von Daten, Informationen und Wissen im Zuge der Veränderungen von Informationsmanage-
mentkonzepten.

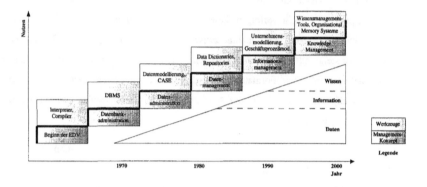

Abbildung 2-8: Stufenmodell der Entwicklung von Werkzeugen und Konzepten

zur elektronischen Verarbeitung von Daten, Informationen und Wissen

Quelle: In Anlehnung an Lehner (1998), S. 5; Maier (1998), S. 4

Organizational-Memory-Systeme sollten aus technischer Sicht jedoch nicht isoliert im
Kontext des Informationsmanagements betrachtet werden. Vielmehr erscheint auch eine
Verbindung der technischen Ansätze ‚Organizational Memory Information Systems‘
(OMIS) und ‚Workflow Management Systems‘ (WMS), d.h. die Einbindung des Geschäftsprozeßmanagements in den organisatorischen Lernprozeß, sinnvoll.[159] So kann beispielsweise die Dokumentation und Speicherung früherer Geschäftsprozesse wie auch der
in Reengineering-Prozessen erworbenen Informationen über Organisationsstruktur, Verantwortlichkeiten und strategische Unternehmensziele, in einem OMIS systematisch erfolgen.[160] Diese Informationen wirken unterstützend und optimierend bei der Planung und
Ausführung zukünftiger Workflows.

---

[159] Vgl. Wargitsch et al. (1997), S. 1
[160] Vgl. ebenda, S. 3

Knowledge-Management-Systeme können also nicht scharf auf ein Kerngebiet eingegrenzt werden, sondern stellen eher eine Mischung aus verschiedenen Komponenten der organisatorischen Kommunikation, Interaktion und Kooperation dar. Daher muß ein solches System mehrere der überlappenden Bereiche Workgroup/Groupware, Dokumentenmanagement, Workflow, Data Warehouse, Intranet und Information Retrieval abdecken, um Aspekte der Wissensidentifikation, Wissensdistribution, Wissensnutzung und Wissensspeicherung technisch zu unterstützen. Davenport nennt dabei unter Berücksichtigung der Technologien folgende Anwendungskategorien:[161]

Knowledge Management Tools	Werkzeuge
Knowledge repositories	Dokumentdatenbanken, die strukturiertes explizites Wissen beinhalten
Focused knowledge environments	Expertensysteme, die spezifische Wissensbereiche abbilden
Real-time knowledge systems	Case based reasoning-Werkzeuge, die eine automatisierte fallbasierte Analyse und Klassifikation von Situationen ermöglichen
Long-term analysis systems	Werkzeuge, die quantitative Daten analysieren (KI-Werkzeuge wie Neurale Netzwerke und Data Mining-Tools).

Tabelle 2-6: Knowledge-Management-Werkzeuge

Quelle: In Anlehnung an Davenport/Prusak (1998), S. 128ff.

Betrachtet man dagegen nicht den wissenschaftlichen Ansatz, sondern die in der Wirtschaft realisierten Konzepte zur Erschließung, Entwicklung und Speicherung der organisatorischen Wissensbasis, ergibt sich ein völlig anderes Bild. Wie die folgende Abbildung 2-9 verdeutlicht, wurden in der Praxis viele verschiedene Instrumente des Knowledge Managements implementiert. Diese lassen sich jedoch nur schwer in funktionale Kategorien wie die oben genannten einteilen. Eine sinnvollere Einordnung wurde daher anhand der zu

---

[161] Davenport/Prusak (1998), S. 128

erschließenden Wissensart vorgenommen. Allerdings sind sie auch in dieser Kategorisierung nicht isoliert zu betrachten, da ihre Anwendung einen Wissenskreislauf in Gang setzen können, der auch andere Wissensarten betrifft.[162]

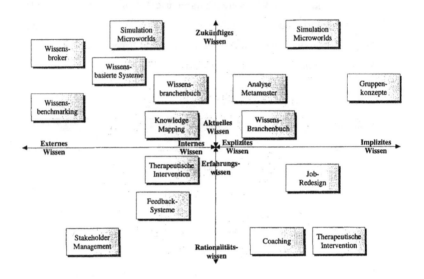

Abbildung 2-9: Auswahl von Instrumenten des Wissensmanagements

Quelle: ILOI (1997), S. 7

Die Abbildung stellt nur eine Auswahl der von befragten Unternehmen einer Knowledge-Management-Studie implementierten Instrumente dar.[163] In Hinsicht auf das breite Anwendungsgebiet des Knowledge Managements und aus der Perspektive heraus, daß der jeweilige Ansatz stark von der spezifischen Ausgangssituation und Wissensproblematik einer Organisation abhängt, kann jedoch auch aus praxisorientierter Sicht im Rahmen dieser Arbeit keine allgemeingültige Definition eines Referenzsystems für die Unterstützung des Knowledge Managements gegeben werden.

---

[162] Vgl. ILOI (1997), S. 7; vgl. auch die Wissensspirale von Nonaka/Takeuchi (1995) in Abbildung 2-3, S. 15

Vielmehr soll im Rahmen dieser Arbeit am Beispiel der für diesen Anwendungsbereich vielmals verwendeten Plattform *Notes* erläutert werden, inwieweit die Funktionalität eines Groupware-Systems für Aufgaben des Knowledge Managements eingesetzt werden kann. Die Basis für diese Untersuchung bildet das folgende Kapitel, das die grundlegenden Möglichkeiten dieser Plattform im organisatorischen und technischen Zusammenhang näher erläutert.

---

[163] Vgl. ILOI (1997), S. 7

3 LOTUS NOTES

3.1 Einordnung von Lotus Notes in informationstechnologische Konzepte

Im Bereich computerunterstützter Zusammenarbeit existieren viele Begriffe, die in der Praxis vielmals vertauscht und synonym verwendet oder auch als nicht zusammengehörig betrachtet werden. Dies ist nicht weiter verwunderlich, wenn man Produkte wie Notes betrachtet, das als Plattform für unterschiedliche Anwendungsgebiete dient und somit mehrere verschiedene informationstechnologische Konzepte vereint. So ist im Notes-Zusammenhang oft von Groupware, Workgroup Computing, Workflow oder Computer-supported collaborative work (CSCW) die Rede. Vor der Beschreibung der Funktionalität des Produkts Notes soll daher an dieser Stelle eine kurze Eingrenzung dieser Begriffe vor dem Hintergrund des Informationsmanagements erfolgen.

Die Erkenntnis, daß der Umgang mit Informationen einen wesentlichen Bestandteil von Entscheidungsprozessen darstellt, hat zu einer raschen Fortentwicklung von Informations- und Kommunikationstechnologie geführt. In dem daraus entstandenen interdiziplinären Forschungsgebiet der computergestützten Zusammenarbeit, die im englischen Sprachraum mit dem Schlagwort *Computer-supported cooperative work* oder *CSCW* beschrieben wird, werden Konzepte der kooperativen Arbeit in Organisationen untersucht und Werkzeuge zur Unterstützung dieser Gruppenprozesse entwickelt, um eine Stimmigkeit zwischen theoretischen Konzepten und Werkzeugen herzustellen.[164] Somit stehen im Mittelpunkt dieses Forschungsgebiets nicht informatikzentrierte Sichtweisen, sondern die Voraussetzungen für den kooperativen Austausch von Informationen mit computerbasierter Unterstützung. Die von Pleiss/Kreutner geprägte einfache Formel „Erst CW, dann CS" beschreibt diese Vorgehensweise sehr kurz und treffend.[165]

---

[164] Vgl. Krcmar (1992), S. 427ff.

[165] Vgl. Pleiss/Kreutner (1991), S. 96

Die Untersuchungen im Umfeld der gruppenorientierten Organisationsgestaltung führten zu einem Bedarf an neuen Technologien. Während sich die traditionelle Softwaregestaltung darauf konzentrierte, die Organisation als ein *formales* Netzwerk der Beziehungen von Rollen, Stellen, Abteilungen und Funktionen zu unterstützen[166], entstand mit der Erkenntnis, daß sich organisatorische Prozesse weitaus stärker an informellen Interaktionen zwischen Mitgliedern der Organisation orientieren, ein Bedarf für neue Softwareplattformen für die Kommunikation, Koordination und Kooperation von *informellen* Arbeitsgruppen und Projektteams.

Diese praktische Umsetzung der im CSCW-Forschungsgebiet gewonnen Erkenntnisse in ein Informations- und Kommunikationssystem, das die Teamarbeit unterstützt, wird als *Groupware* bezeichnet.[167] Groupware soll dazu dienen, bei Problemstellungen durch die effiziente Aufbereitung, Speicherung und Distribution wenig strukturierter Informationen in verteilten Unternehmen zu helfen[168] sowie den Arbeitsfluß und das Vorgangsmanagement in den vielfältigen Kommunikations- und Abarbeitungsinteraktionen zwischen Organisationsmitgliedern und Projektteams zu unterstützen.[169]

Aus wissenschaftlicher Sicht ist die Bedeutung des Begriffs Groupware stark umstritten. Die Meinungen, was zur Groupware gehört und wozu sie dient, divergieren sehr stark. Versuche einer Abgrenzung von anderen Produkten bezüglich der Komponenten eines Informations- und Kommunikationssystems, der Art und des Umfangs der zu unterstützenden Gruppenarbeit, des Umfangs der Unterstützungsfunktionen sowie der wirtschaftlichen und organisatorischen Zielsetzungen haben zu einer Vielzahl an Definitionsversuchen geführt.[170]

Orientiert man sich an einer pragmatischen Auffassung des Begriffs Groupware, wird in diesem Zusammenhang sehr oft das Produkt Notes genannt. Aufgrund seines interdisziplinären Anwendungszwecks sollte Groupware jedoch nicht als Einzelprodukt verstanden

---

[166] Vgl. Ott/Nastansky (1997), S. 80ff.

[167] Vgl. Bornschein-Grass et al. (1995), S. 9ff.

[168] Vgl. Appel/Schwaab (1997), S. 7

[169] Vgl. Thiesse (1997), S. 14

[170] Eine Aufstellung verschiedener Auffassungen und Definitionen des Begriffs Groupware sind in Bornschein-Grass et al. (1995), S. 12ff., aufgeführt.

werden, sondern vielmehr als ein Werkzeug, das unterschiedliche Einzelfunktionalitäten zur Erweiterung der Kommunikation, Koordination und Kooperation informeller Gruppen möglichst effizient und umfassend integriert.[171] Als Beispiele für Groupware-Produktkomponenten werden im allgemeinen Messaging-Systeme (E-Mail), Diskussionsdatenbanken, Workflow-Management-Werkzeuge, verteilte Hypertext-Systeme, Videokonferenz-Systeme, Planungssysteme, Projekt-Management-Werkzeuge, Entscheidungs- und Sitzungsunterstützungssysteme, Gruppeneditoren und spezialisierte Datenbanken gesehen.

Betrachtet man die aufgrund des Wettbewerbsfaktors Zeit zunehmende Bedeutung des *Workflow-Managements* in der betrieblichen Praxis, wird auch dessen wachsender Stellenwert innerhalb der Groupware-Komponenten deutlich. Workflow-Management umfaßt „die Modellierung, die Simulation sowie die Ausführung und Steuerung (in zeitlicher und örtlicher Hinsicht) von Geschäftsprozessen unter Bereitstellung der jeweils benötigten Informationen und Werkzeuge."[172] Diese Werkzeuge, oftmals auch als Computer-Supported Collaborative Work Processing Systems (CSCWP-Systems) bezeichnet[173], dienen der Beschleunigung und Anpassung von standardisierten oder einmalig abweichenden Geschäftsprozessen.[174] Es unterstützt bei dokumentenintensiven Vorgängen bzw. Prozessen die Zusammenarbeit der Beteiligten nach festgelegten Regeln und Methoden. Der Ablauf kann streng vorgeschrieben oder hinsichtlich Bearbeitungsreihenfolge und -bedingungen flexibel gestaltet werden.

3.2 Marktsituation und Entwicklungstendenzen im Groupware-Bereich

Die konkrete Realisierung eines Groupwaresystems zur Erreichung eines möglichst alle Organisationsmitglieder einschließenden Informationskonzepts erfordert eine grundsätzliche Entscheidung für eine Plattform, die die unternehmensspezifischen Anforderungen an

---

[171] Vgl. Thiesse (1997), S. 14
[172] Teufel (1996), S. 42 u. S. 50
[173] Vgl. Khoshafian/Buckiewicz (1995), S. 207ff.
[174] Vgl. Ott/Nastansky (1997), S. 80

computergestützte Gruppenarbeit bestmöglichst unterstützt. Da nicht alle Funktionalitäten in einem standardisierten Paket abgedeckt werden können und aufgrund produktpolitischer Entscheidungen der Hersteller die wechselseitige Kommunikation verschiedener Groupware-Produkte oftmals unterbleiben muß, ist eine Gegenüberstellung der Konzepte, Schwerpunkte und Entwicklungstendenzen verschiedener Groupwareprodukte für die Entscheidungsfindung erforderlich. Aus diesem Grund soll an dieser Stelle ein kurzer Überblick über diese Faktoren gegeben werden.

Zentral für die Beurteilung von Groupware-Systemen ist der Funktionsumfang. Während alle Hersteller die Integration der Komponenten Messaging, Diskussionsforen, Datenbankfunktionen und Entwicklungssystemen vollzogen haben, unterscheidet sich der Grad an Groupware-Funktionalität meist in der Implementation der Funktionen Kalender/Scheduling, Workflow und Dokumentenmanagement.

Als zweite Dimension zur Beurteilung des Funktionsumfangs von Groupware-Produkten wird an dieser Stelle der Grad der Integration von Internet-Technologie angesehen. Die Implementation offener Internet-Standards und die Nutzung des Internets als global verfügbares Netzwerk ermöglicht die Unabhängigkeit eines Groupware-Systems von Herstellern, Netzwerktechnologien, Plattformen und Standorten, womit eine möglichst hohe personelle Abdeckung eines Groupware-Systems erreicht werden kann.

Die folgende Abbildung 3-1 gibt nun eine Übersicht über zum heutigen Zeitpunkt am stärksten vertretenen Groupware-Produkte und deren zukünftige Entwicklungsrichtungen in Bezug auf die Dimensionen ‚Grad der Internet-Integration‘ und ‚Grad der Groupware/Workflow-Funktionalität‘.

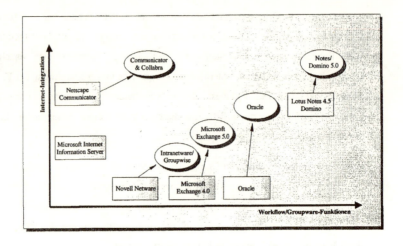

Abbildung 3-1: Entwicklungstendenzen und Zielsysteme einzelner Groupware-Hersteller

Quelle: In Anlehnung an Fochler et al. (1997), S. 211

Notes wird mit einem Marktanteil von über 40% im Groupware-Bereich als unbestrittener Marktführer gesehen und dient weltweit rund 20 Millionen Benutzern[175] als Universalplattform für verschiedenste Anwendungen der Bereiche Informationsmanagement, Knowledge Management und Workflow-Management. Da die Notes-Grundfunktionalität also die Basis für diese Entwicklungen darstellt, wird sie im folgenden Kapitel näher erläutert, bevor auf Notes-basierte Knowledge-Management-Anwendungen näher eingegangen werden kann.

3.3   Grundfunktionalität der Notes-Plattform

Wie der vorhergehenden Abbildung 3-1 entnommen werden konnte, verfügt Notes aufgrund seiner umfangreichen Grundfunktionalitäten wie auch der leichten Erweiterbarkeit über das im Groupware-Umfeld höchste Potential für gruppenunterstützte Zusammenarbeit. Im Einzelnen sind dies folgende Komponenten:

---

[175] Stand Jahresende 1997 nach Angaben der Lotus GmbH, vgl. o.V. (1998c), URL

- Dokumentenorientierte Multimedia-Datenbanken
- Client/Server-Konzept und Replikationsfähigkeiten
- Integriertes Messaging-System (E-Mail)
- Gruppenkalenderfunktionen (Calendaring & Scheduling)
- Diskussionsdatenbanken
- Recherche-Funktionalitäten (Information Retrieval)
- Differenzierte Sicherheitsmechanismen
- Entwicklungsplattform für Groupware-Anwendungen
- Skalierbarkeit und Plattformunabhängigkeit
- Internet-Integration

In den folgenden Kapiteln wird nun näher auf diese Basisfunktionalitäten eingegangen. Da jedoch lediglich ein Überblick über das Leistungsspektrum von Notes gegeben werden soll, der als Grundlage für eine Untersuchung der Eignung als Plattform für Knowledge Management-Anwendungen dient, wurde die Nennung tiefergehender Details einge-schränkt und auf die Beschreibung von für Knowledge Management nicht relevanten Groupware-Komponenten wie den Gruppenkalenderfunktionen verzichtet.

3.3.1 Dokumentenorientierte Multimedia-Datenbanken

Dokumente stellen bei Notes die Grundeinheiten gespeicherter Informationen dar, die in Datenbanken abgelegt, verwaltet, verarbeitet und verteilt werden können.

Im Gegensatz zu relationalen Datenbanksystemen, die auf die Speicherung strukturierter Daten spezialisiert sind und somit bereits bei Entwurf einer Datenbank eine Festlegung des zu speichernden Datentyps (wie beispielsweise Zahlen, Texte, Datum oder Binärdaten) und deren Feldlänge erfordern, dienen Notes-Datenbanken zur gleichzeitigen Aufnahme sowohl strukturierter als auch unstrukturierter Daten beliebigen Typs. Dies ist im Group-ware-Bereich von entscheidender Bedeutung, da die im Zuge kommunikativer und koope-rativer Prozesse entstehenden Informationen und Daten meist kaum in starre Datenstrukturen einzugliedern sind und die Erweiterung einer Informations- und Wissensbasis meist nur durch die medienbruchfreie Kombination verschiedenster Daten- und Informationsformen entstehen kann.

Die dazu vom Notes-Datenbankentwickler in Dokument-*Masken* einzubettenden *Felder* dienen der Aufnahme verschiedenartigster Datentypen und sind einfach erweiterbar, unterliegen also keiner Feldlängen- oder Größenbegrenzung. Insbesondere sogenannte *Rich-Text-Felder* dienen der Integration einer beliebigen Kombination von multimedialen Daten wie Text, Dokumentverknüpfungen und Internet-Hyperlinks, Zahlen, Tabellen, Grafiken, Video- und Audiodaten, OLE-Objekten[176] und Dateianhängen. Zusätzlich zur manuellen Eingabe können Felder auch einen automatisch berechneten Inhalt annehmen, der sich mit Hilfe der Notes-Makrosprache, LotusScript-Programmen oder auch externer Datenbanken erzeugen läßt.

Während die herkömmliche Ablage der genannten Datentypen aufgrund ihres Ursprungs in unterschiedlichen, isolierten Anwendungssystemen normalerweise separat im Dateisystem oder der Anwendungsumgebung erfolgt und somit eine direkte Verbindung der verschiedenen, inhaltlich zusammengehörigen Dateien oftmals unterbleibt, ermöglicht Notes so die medienbruchfreie Erstellung, Darstellung und Speicherung multimedialer Dokumente, sogenannter *Compound-Dokumente*.

Eine strukturierte Übersicht über alle Dokumente einer Datenbank bietet Notes anhand sogenannter *Ansichten*. Diese stellen frei wählbare, tabellarisch angeordnete Sichten auf den Dokumentenbestand einer Datenbank dar. Diese Darstellung kann anhand von Filterkriterien wie der Volltextsuche, Sortierungen oder der Definition bestimmter Feldeigenschaften auf eine Untermenge der verfügbaren Dokumente begrenzt werden. Auf diesem Weg liefert Notes sehr einfach zu bedienende Werkzeuge zur Identifikation relevanter Information.

Das hier beschriebene Datenbankkonzept bildet die Grundlage für alle Notes-Anwendungen. Die Messaging-Komponente, Diskussionsdatenbanken, Workflowkompo-

---

[176] Object Linking and Embedding (OLE) ermöglicht die Einbettung von Objekten einer Anwendung (z.B. formatiertem Text, Schaubildern etc.) in Dokumente einer anderen Anwendung.

nenten wie auch die gesamte Konfiguration des Systems basieren auf Notes-Datenbanken und den darin enthaltenen Masken, Ansichten und Compound-Dokumenten.

3.3.2 Elektronische Kommunikation (Messaging)

Eine zentrale Komponente von Notes stellt die des Messagings dar. Diese leistungsfähige integrierte E-Mail-Funktionalität ermöglicht den Versand multimedialer Compound-Dokumente an alle Benutzer des Notes-Systems, durch zusätzliche Schnittstellen aber auch an Anwender anderer E-Mail-Systeme wie cc:Mail, X.400 oder dem Internet.[177] Ein- und ausgehende Nachrichten werden in einer Notes-Datenbank gespeichert und können anhand verschiedener Ansichten individuell sortiert dargestellt werden.

Notes verfügt dabei über im Messaging allgemein übliche Funktionalitäten wie Nachrichtenweiterleitung, Kopien an mehrere Empfänger, Empfangsbestätigungen und Sendeprotokolle. Zusätzlich nutzt Notes zur Sicherstellung der Vertraulichkeit elektronischer Nachrichten seine umfangreichen Sicherheitsmechanismen und ermöglicht so die eindeutig identifizierbare elektronische Unterzeichnung von Nachrichten und zusätzlich die Nutzung asymmetrischer Verschlüsselungsmethoden.[178]

Da es sich bei der Messaging-Komponente nicht um ein separates Modul, sondern um eine ins Gesamtsystem integrierte Notes-Datenbank handelt, stehen wie auch in anderen Datenbanken sämtliche Notes-Funktionalitäten wie die der Volltextsuche und der Programmierbarkeit zu Verfügung. Denkbar ist dabei der Einsatz programmierter Agenten beispielsweise zu einer automatischen inhaltsbezogenen Kategorisierung, Weiterleitung und Archivierung von Nachrichten, soweit diese eine zu bewältigende Menge überschreiten.

Zusätzlich können durch Programmierung auf Basis des E-Mail-Systems kleinere Workflow-Anwendungen geschaffen werden. Beispielsweise kann in Verbindung mit einer Notes-Urlaubsdatenbank bei Abwesenheit des E-Mail-Empfängers eine vollautomatische

---

[177] Da Empfängersysteme anderer Hersteller jedoch oftmals die Einbettung multimedialer Objekte nicht unterstützen, kann ein Informationsverlust auftreten.
[178] Für nähere Erläuterungen des Notes-Sicherheitskonzepts, siehe Kapitel 3.3.6.

Weiterleitung eingehender Nachrichten bestimmten Inhalts an jeweils zuständige Vertreter erfolgen. Eine andere Möglichkeit ist die Bildung eines E-Mail-basierten *Ad-hoc-Workflows*, der einen einmaligen spontanen Prozeß abbildet, anhand dessen ein Dokument zur Bearbeitung in einer bestimmten Reihenfolge an jeweils zu spezifizierende Organisationsmitglieder weitergeleitet wird.[179]

Grundsätzlich sollte jedoch die Realisierung komplexer Workflows nicht auf E-Mail-Basis erfolgen, da die dadurch zustandekommende große Menge an Nachrichten für den Einzelnen nicht mehr zu bewältigen wäre. In Hinsicht auf den vielzitierten ‚Information Overload' ist es daher wünschenswert, die Verwendung von E-Mail nach Möglichkeit auf direkte Punkt-zu-Punkt-Kommunikation zu beschränken und darüber hinaus nur zu gezielten automatisierten Benachrichtigungen über neue Wissensbestände oder zu bearbeitenden Workflow-Prozessen in anderen Datenbanken zu verwenden. Dies wird ja auch von Notes insbesondere dadurch unterstützt, daß ein in einem solchen Mail-Dokument eingebundener Hyperlink-Verweis direkt in die entsprechende Datenbank führen kann und somit eine redundante Speicherung einer Information in mehreren Maildatenbanken verschiedener Nutzer entfällt.

3.3.3 Diskussionsdatenbanken

Diskussionsforen stellen ein klassisches Standardbeispiel für den Einsatz von Groupwaresystemen dar, da diese den Wissensaustausch verschiedener in der Organisation verteilter Experten ermöglichen und bei der Bildung von Ad-hoc-Teams zu bestimmten Themen über Bereichsgrenzen hinweg äußerst hilfreich sind.

Bei Notes basiert dies auf einer gemeinsam genutzten Datenbank in der Form eines schwarzen Bretts, in dem über bereitgestellte Masken Fragen gestellt und beantwortet werden können. Auf diese Weise entstehen durch die Teilnahme verschiedener Personen mit unterschiedlichem Wissenshintergrund komplexe Diskussionspfade (sogenannte

---

[179] Definitionen des Begriffs Workflow, nähere Erläuterungen der Workflow-Fähigkeiten von Notes sowie deren Gestaltung in einem organisationsweiten Notes-Datenbankkonzept sind in Kapitel 3.3.5 dargestellt.

Threads), die eine immer umfangreichere Multiplikation von Wissensbeständen ermöglichen.

Diese Methode bietet erhebliche Vorteile gegenüber der direkten Kommunikation von Organisationsmitgliedern per E-Mail. Durch die organisationsweite Verfügbarkeit einer offenen Diskussionsdatenbank besteht die Möglichkeit, daß nicht identifizierte Experten auf
das Thema aufmerksam werden und spontan an der Diskussion teilnehmen können. Zusätzlich sind in Hinsicht auf gruppendynamische Prozesse Teamaktivitäten wie die Erstellung und Aktualisierung eines Texts einfacher und effizienter in einer geteilten Datenbank
abzuwickeln und zusammenzuführen als durch die ständige Verteilung neuer Textpassagen
per E-Mail an alle Autoren.

Das grundlegende Konzept der Diskussionsdatenbanken wird neben der reinen thematischen Diskussion in vielerlei Hinsicht verwendet. So eignen sich die in Notes vorhandenen
Diskussionsdatenbankschablonen, die leicht für einen bestimmten Zweck zu modifizieren
sind, auch als Basis für Anwendungen wie sogenannte *Help Desks*, die eine Datenbank für
häufig gestellte Fragen[180] darstellen und durch Notes Internet-Funktionalität auch ohne
großen Aufwand öffentlich verfügbar gemacht werden können.[181] Auch die Realisierung
einer offenen Diskussionsdatenbank als Support-Instrument ist denkbar, in dem Kunden-
fragen durch Spezialisten oder andere Kunden beantwortet werden.

3.3.4 Information Retrieval

Die Speicherung unstrukturierter Daten in Messaging-, Diskussions- und Informationsdatenbanken führt innerhalb kurzer Zeit zu großen, vom Individuum nicht mehr zu überblik-
kenden Informationsbeständen. Deren Exploration erfordert ein möglichst leistungs-
fähiges, aber einfach zu handhabendes Werkzeug, das es ermöglicht, aus der Gesamtmenge der verfügbaren Informationseinheiten die für den Benutzer relevanten herauszufiltern.

---

[180] Im englischsprachigen Raum ist in diesem Zusammenhang oftmals von ‚FAQ'-Dokumenten (Fre-
quently Asked Questions) die Rede, die eine Zusammenstellung häufig gestellter Fragen und deren
Antworten darstellen.
[181] Vgl. dazu Kapitel 3.3.10

Diese Werkzeuge werden in Wissenschaft und Praxis unter dem Begriff *Information Retrieval-Werkzeuge* zusammengefaßt. Sie bedienen sich im allgemeinen leistungsfähiger Such-, Indexierungs- und Relevanzgewichtungsverfahren[182], die anhand einer artikulierten Suchanfrage, d.h. einer oder mehrerer miteinander verknüpfter Begriffe, die Auswahl von Informationen einer Datenbasis vornehmen.

Da der Bedarf für ein organisationsweites Informationssystem die Verwendung syntaktisch aufwendiger Suchalgorithmen verhindert, stellt die Mehrdeutigkeit einer formulierten Suchanfrage, deren Qualität sehr stark vom Wissen des Einzelnen abhängt, eine zentrale Schwierigkeit eines Information Retrieval Systems dar.

Notes verfügt aus diesem Grund über Mechanismen, die eine einfache und effiziente Exploration der Informationsbestände ermöglichen. Aus Benutzersicht stellt sich dies als eine Volltextsuchfunktion dar, die die datenbankübergreifende Recherche mit einem oder mehreren logisch verknüpften Begriffen in allen textbasierten multimedialen Dokumentkomponenten und Dateianhängen erlaubt.[183] Als Suchbegriff können Zahlen, Wörter, Teilbegriffe und Joker-Zeichen verwendet werden. Ein Thesaurus ermöglicht zusätzlich das automatische Suchen synonymer Begriffe, womit das Hauptproblem der Mehrdeutigkeit einer formulierten Suchanfrage umgangen wird. Um jedoch den Ergebnisumfang zu begrenzen, können zusätzlich das Erstellungsdatum des gesuchten Dokuments sowie die Maximalzahl der Suchtreffer angegeben werden.

Da die gleichzeitige Suche mehrerer Benutzer über große unstrukturierte Datenbestände eine hohe Systemlast erzeugen würde, verwendet Notes auf Implementierungsseite ein System, das auf periodischer Basis eine Volltextindizierung ausgewählter Datenbanken durchführt und diese in einer Indexierungsdatenbank speichert. Dabei wird auf Wunsch auch der Inhalt eingebetteter Objekte wie Textverarbeitungs-Dateianhänge, Spreadsheets und Präsentationen im Index berücksichtigt, da Notes eine Verarbeitung aller gängigen Dokumentformate unterstützt.

---

[182] Vgl. Hohl (1995), S. 17ff.

[183] Diese Suchmaschine basiert auf einem Produkt der Verity Inc., die sich auf den Bereich Information Retrieval spezialisiert hat und Notes somit ein hochfunktionales Werkzeug zur Volltextsuche bereitstellt. Vgl. dazu Kapitel 4.2.1

Es ist somit eine Volltextsuche in sämtlichen in Notes-Datenbanken enthaltenen Informationsbeständen möglich, womit Medienbrüche bei Verwendung verschiedener Applikationen zur Datenerfassung verhindert werden.

3.3.5 Workflow-Funktionalität

Wie in Kapitel 3.1 schon erwähnt wurde, verfügt Notes über Workflow-Funktionalitäten. Workflow-Systeme ermöglichen das prozeßorientierte, automatisierte Weiterleiten von Informationen aller Art von einem Bearbeiter zum nächsten, wobei Prozesse aufgrund ihrer Flexibilität häufig nicht vollständig zu automatisieren sind. Aus diesem Grund muß auf der einen Seite eine Automatisierung stark strukturierter Prozesse ermöglicht, auf der anderen Seite jedoch auch die Abbildung flexibler Vorgänge unterstützt werden, die im Vorfeld nicht exakt zu bestimmen sind. Typische Einsatzgebiete im betrieblichen Umfeld reichen von starren, immer wiederkehrenden Routinevorgängen wie Bestellungen und Genehmigungsverfahren bis hin zu kooperativen Prozessen wie der verteilten Erstellung von Dokumenten.

Notes stellt für diese Aufgaben eine geeignete Plattform dar, d.h. sowohl die Bildung von einmaligen Ad-hoc-Workflows wie auch die Abbildung strukturierter Unternehmensprozesse ist in Notes möglich, d.h. grundlegende Workflow-Konzepte können relativ unkompliziert implementiert werden. Durch die Basierung auf den in Kapitel 3.3.1 beschriebenen Compound-Dokumenten ist die Einbindung von Objekten externer Anwendungen wie Tabellenkalkulationen, aber auch relationaler Datenbanken, möglich. Notes dient dabei lediglich der Weiterleitung der Dokumente und ist somit Container und Transporter der Informationen.

Dabei ist jedoch anzumerken, daß Notes in der Grundfunktionalität lediglich als Plattform für einfache Anwendungen des Workflow-Managements dient und daher keine Werkzeuge zur graphischen Modellierung und zur Analyse aufwendiger Geschäftsprozesse beinhaltet. Diese Anwendungsgebiete werden jedoch von auf Notes aufsetzenden Produkten dritter

Hersteller abgedeckt.[184] Eine umfangreiche Prozeßanalyse oder -modellierung kann jedoch nicht auf Notes-Basis erfolgen, sondern sollte beispielsweise mittels eines ARIS-Toolsets erfolgen.

Die Stärke von Notes Workflow-Funktionalität ist daher weniger auf strategischer denn auf operativer Ebene zu suchen. Insbesondere die Unterstützung heterogener Netzwerke und unterschiedlicher Betriebssysteme[185] sowie die Möglichkeiten der Offline-Nutzung in verteilten Unternehmen[186] bieten zwar im theoretischen Umfeld keine Kompensation für fehlende Funktionalität in der Prozeßmodellierung, ermöglichen jedoch eine Verwendung von Workflow-Funktionalitäten auch außerhalb einer Organisationseinheit eines verteilten Unternehmens.

3.3.6 Sicherheitskonzept

Sowohl unter dem Aspekt eindeutiger Zuständigkeiten und Kompetenzen innerhalb eines Workflows, als auch vor dem Hintergrund, daß Wissen und Information einen bedeutenden und damit zu schützenden Wettbewerbsfaktor darstellt, erfordert der Einsatz einer Groupware-Plattform ein umfangreiches Sicherheitskonzept, das Identitäten, Zuständigkeiten und Zugriffsrechte eindeutig definiert und unerwünschten Zugriff auf Datenbestände durch Verschlüsselungs- und Authentifizierungsmaßnahmen verhindert.

Notes bietet hierzu ein vierschichtiges Sicherheitssystem auf Server-, Datenbank-, Dokument- und Feldebene, dessen Umgehung durch umfassende Verwendung von kryptographischen Konzepten bei einer gewissenhaften Vergabe von Zugriffsrechten kaum möglich ist. Die aufeinander aufbauenden Sicherheitsstufen von Notes sind in folgender Tabelle 3-1 dargestellt.

---

[184] Ein Notes-basiertes graphisches Werkzeug zur Modellierung von Geschäftsprozessen ist beispielsweise *ProZessware* der *ONEstone Information Technologies GmbH*, Paderborn, URL http://www.onestone.de

[185] Vgl. dazu Kapitel 3.3.9

[186] Vgl. dazu Kapitel 3.3.8

Sicherheitsstufe	Erklärung
Serversicherheit	Zugriff auf Domino-Server nur durch auf diesem Server zertifizierte Personen und andere Server
Datenbanksicherheit	Zugriffskontrollisten (ACL = Access Control Lists) definieren die Sicherheit bei Zugriff auf Datenbanken, d.h. welche Aktionen welcher Benutzer in Datenbanken ausführen darf. Unterteilung der Benutzer in sieben Zugriffsstufen: Kein Zugriff, Archivar, Leser, Autor, Editor, Entwickler, Manager[187]. Zusätzlich mögliche Definition von Rollen (z.B. ‚Abteilungsleiter‘), der bestimmte Personengruppen zugeordnet werden.
Dokumentensicherheit	Festlegung der Zugriffsrechte auf Dokumentenebene, unabhängig von den in der ACL definierten Benutzerrechten (z.B. Vergabe von Editorrechte an einen Leser für ein bestimmtes Dokument).
Feldsicherheit	Festlegung auf Feldebene, daß nur berechtigte Personen bestimmte Felder einsehen dürfen.

Tabelle 3-1: Sicherheitsstufen von Lotus Notes

Quelle: Eigene Darstellung

Zur Realisierung dieses Sicherheitssystems verwendet Notes zur Vergabe von Zugriffsrechten die RSA-Technologie.[188] Dabei handelt es sich um ein asymmetrisches Zwei-Schlüssel-Verfahren, bei dem der öffentliche Schlüssel in einem zentralen Adreßbuch öffentlich verfügbar gemacht wird, während der geheime Schlüssel nur dem Eigentümer in Form der Notes-ID-Datei zugänglich ist. Der in dieser Datei enthaltene Geheimschlüssel findet in der Authentifizierung bei Programmstart, der Verschlüsselung von Nachrichten, der Unterzeichnung elektronischer Dokumente, der Entschlüsselung von persönlichen Dokumenten und der Identifikation in Bezug auf Zugriffsrechte Anwendung.[189]

---

[187] Vgl. Dennig et al. (1993), S. 240f.
[188] RSA ist benannt nach deren Erfindern Ron Rivest, Adi Shamir und Leonard Adleman
[189] Vgl. Dierker/Sander (1996), S. 44ff. u. S. 145ff.

Auch für die gesamte Kommunikation zwischen Servern kann das RSA-Verfahren Verwendung finden. Aus diesem Grund ist ein Ausspähen dieser Datenflüsse, zum Beispiel bei Verwendung des Internets, kaum möglich.

Die Präsenz dieses Sicherheitssystems ist für den Benutzer nur durch einmalige Authentifizierung entweder bei Programmstart oder nach einer bestimmbaren Inaktivitätszeit sichtbar. Er muß daher während der gesamten Notes-Sitzung keine weiteren Maßnahmen ergreifen, die die Sicherheit und Vertraulichkeit seiner Kommunikation oder die Authentität seiner selbstverfaßten Dokumente sicherstellen. Die Integration dieses Sicherheitssystems in das gesamte Notes-Konzept bewirkt, daß ein Mißbrauch durch Verwendung falscher Identitäten nahezu ausgeschlossen ist.

3.3.7 Kostenerfassung (Billing)

Speziell im Zusammenhang mit abrufbaren DV-Dienstleistungen, Informations- und Wissensdatenbanken, die organisationsintern zur Verfügung gestellt oder extern angeboten werden, kann es nötig sein, deren Nutzung Anwendern zuzuordnen und in Rechnung zu stellen. Anwendungsbeispiele wären ein kostenpflichtiger Informationsdienst im Internet, die entgeltliche Nutzung von Datenbankdiensten im Business-To-Business-Bereich oder die organisationsinterne Verrechnung von in Anspruch genommenen DV-basierten Weiterbildungsleistungen.

Notes bietet hierzu in Verbindung mit einer erweiterten Domino-Server-Lizenz den zusätzlichen Server-Task *Billing* an, der die automatische Aufzeichnung des Nutzungsverhaltens zwischen zwei Servern, Server und Notes-Client oder Server und Internet-Client liefert und die zugehörige Kostenerfassung vornimmt. Dabei werden die in Tabelle 3-2 genannten sechs Kostenklassen differenziert, die unterschiedliche Zielsetzungen verfolgen und deshalb je nach Bedarf verwendet und angepaßt werden können.

Billing-Klasse	Beschreibung
Sitzungen	Zeitbezogene Aufzeichnung von Aktivitäten eines Benutzers während einer Notes-Sitzung, bspw. Zeitpunkte des Beginns und Endes einer Sitzung, der Replikationen sowie der Datenbank- und Mailaktivitäten
Datenbankdienste	Erfassung des Zeitpunkts, wann und wie lange Datenbanken von einem Benutzer oder Server verwendet wurden
Dokumentdienste	Registrierung von Lese- und Schreibvorgängen in als gebührenpflichtig gekennzeichneten Dokumenten
Replikationsdienste	Kostenerfassung von Replikationsvorgängen
Mail-Dienste	Berechnung ausgehender Nachrichten
Agenten	Kostenerfassung anhand der Laufzeit eines vom Benutzer oder Server ausgeführten Agenten

Tabelle 3-2: Kostenerfassungsklassen im Rahmen des Billing-Konzepts

Quelle: In Anlehnung an Fochler et al. (1997), S. 382

Auf diese Weise ermöglicht Notes, die Gemeinkosten der Informationserstellung auf Basis von Aktivitäten innerhalb der Datenbasis organisationsintern zu verrechnen. Diese Funktionalität findet beispielsweise Anwendung in CBT-Tools[190], da anhand der erhobenen Daten entstandene Kosten für extern erworbene Trainings- und Beratungsleistungen verrechnet werden können.

Des weiteren ermöglicht die Erfassung dieser Daten eine genauere Feststellung von Nutzungsprofilen, die bei der Feststellung von Gründen für Engpässe zu Spitzenbelastungszeiten sowie bei der Identifikation von Nutzern, die die Informationsbasis regelmäßig nutzen und erweitern, hilfreich sein kann.

---

[190] Computer Based Training (CBT) ermöglicht computerunterstützte Weiterbildungsprozesse, vgl. dazu die konzeptionelle Beschreibung in Kapitel 4.2.3

3.3.8 Client-Server-Konzept, Replikationsfähigkeiten und Schnittstellen

Eine Client-Server-Architektur zeichnet sich durch ein modularisiertes logisches Konstrukt aus Clients und Servern mit den Elementen Benutzerschnittstelle, Programm und Datenbank aus, wobei Daten von verschiedenen Programmteilen und einzelne Programmkomponenten von verschiedenen Benutzerschnittstellen unabhängig voneinander verwendet werden können.[191]

Die Einrichtung einer Client-Server-Architektur stellt ein Mindestkriterium für eine Groupware-Anwendung dar, da in der Regel verschiedene Benutzer an verschiedenen Orten mit gemeinsamen Datenbeständen arbeiten und somit einerseits aufgrund des gleichzeitigen Zugriffs größerer Benutzerzahlen eine Lastverteilung auf unterschiedliche Hardware-Einheiten nötig sein kann, und andererseits nur eine Client-Server-Architektur einen automatischen Abgleich von Datenbankänderungen zwischen geographisch verteilten Servern ermöglicht.

---

[191] Vgl. Fochler et al. (1997), S. 244

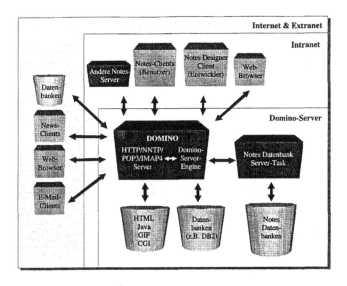

Abbildung 3-2: Beispiel einer Lotus Notes/Domino 5.0-Architektur

Quelle: Eigener Entwurf

Notes stellt, wie aus Abbildung 3-2 ersichtlich ist, ein klassisches Client-Server-System dar. Der Notes-Client stellt dabei die Benutzerschnittstelle zur Verfügung, die dem Benutzer ermöglicht, Datenbanken zu öffnen und damit zu arbeiten. Da jedoch der Zugriff eines Clients auf eine lokale Datenbank-Datei exklusiv erfolgt und somit währenddessen kein gleichzeitiger Zugriff von anderen Clients möglich wäre, wird die Verwaltung der Notes-Datenbanken durch das separate Datenbank-Server-Modul des Domino-Servers vorgenommen, das die Verwaltung der Datenbanken übernimmt und den parallelen Zugriff mehrerer Clients auf gleiche Datenbestände ermöglicht.

Dem oben genannten dreistufigen Client-Server-Modell mit den Elementen Benutzerschnittstelle, Programm und Datenbank stehen bei Notes nur zwei Bereiche gegenüber, da im Notes-Konzept funktionale und datenorientierte Bereiche nicht explizit getrennt wurden. Vielmehr werden Daten, Masken und Programme, die zur Datenbearbeitung und -abfrage dienen, gemeinsam in einer Datenbank-Datei abgelegt. Dieses Konzept bringt immense quantifizierbare Vorteile, da bei der Replikation, d.h. einem automatischen Daten-

bankabgleich, gleichzeitig auch funktionale Verbesserungen einer Datenbank in Form er-
weiterter Masken und verbesserter Programme übertragen werden. Dies ermöglicht beispielsweise auch die Anwendung eines *Rapid Prototyping*-Verfahrens, das die inkremen-
telle Entwicklung und Verbesserung der Funktionalität von Notes-Datenbanken ohne Zu-
satzaufwand für Installation und Verteilung einer Programmversion ermöglicht.

Der Notes-*Replikationsmechanismus* stellt eine Kombination der Konzepte der Online-
Datenhaltung[192] und der Stand-Alone-Datenhaltung[193] dar, die es ermöglicht, daß verschiedene sogenannte *Repliken* einer Datenbank auf verschiedenen Rechnern ohne direkte
Online-Netzwerkverbindung verwendet und verändert werden können, wobei die Replik-
datenbestände dann nach einem bestimmten Zeitplan automatisch abgeglichen werden.[194]
Der lokale Zugriff auf Datenbankrepliken ermöglicht verteilten Unternehmen einerseits
kürzere Zugriffszeiten auf die Datenbasis, und andererseits ein enormes Einsparpotential
an Telekommunikationskosten, da nur zum Abgleich veränderter Repliken eine Online-
Verbindung zwischen Servern und Clients bestehen muß. Zudem ist auf diesem Weg die
Replikation von Datenbeständen auf Notebooks möglich. Dies ermöglicht die mobile Offline-Nutzung aller Daten wie beispielsweise Informationsdatenbanken, E-Mail und Diskussionsforen. Änderungen daran werden nach Aufbau einer Netzwerkverbindung
automatisch zurückrepliziert.

Besteht dagegen eine dauerhafte Verbindung zum Notes-Server, kann durch sehr kurze
Replikationsintervalle nahezu die Integrität und das Konsistenzverhalten einer Online-
Datenhaltung erreicht werden. Eine vollständige Datenkonsistenz ist mit den Notes-
Replikationsmechanismen jedoch nicht machbar, da lokale Datenbestände zwischen den
Replikationszeiten jeweils voneinander abweichen können und somit anderen Notes-
Benutzern inhaltliche Unterschiede erst nach der nächsten Replikation bekannt werden.

---

[192] Online-Datenhaltung besagt, daß mehrere Clients gleichzeitig auf eine gemeinsame Datenbasis eines
zentralen Servers zugreifen. Dies gewährleistet eine ständige Konsistenz und Integrität sämtlicher
verfügbarer Daten und ermöglicht einen exklusiven Zugriff, erfordert jedoch eine ständige Netzwerkverbindung jedes Clients zum Server. Online-Datenhaltung ist ein zentrales Charakteristikum
relationaler Datenbanksysteme.

[193] Stand-Alone-Datenhaltung bedeutet, daß ein Datenbanksystem lediglich den lokalen Zugriff auf Da-
tenbankbestände erlaubt.

[194] Vgl. Fochler et al. (1997), S. 254ff.

Echtzeit-Anwendungen wie Online-Buchungssysteme sind daher auf Notes-Basis nur unter Verzicht auf den Replikationsmechanismus zu realisieren.

Trotz der Leistungsfähigkeit der Domino-Datenbankengine ist es unerläßlich, auf Datenbestände außerhalb des Domino-Systems zuzugreifen. Server-seitige Schnittstellen wie NotesPump und NotesSQL ermöglichen den Zugriff auf relationale Datenbanksysteme wie beispielsweise DB2, Oracle 7, Sybase 10 oder andere ODBC-konforme[195] Systeme. Des weiteren wird der Zugriff auf Transaktionssysteme oder andere Großrechneranwendungen wie beispielsweise SAP R/3, JD Edwards, Baan und Oracle Financials[196] unterstützt. Aus diesem Grund kann Notes/Domino als integratives Element in einer aus mehreren proprietären Systemen bestehenden Umgebung eingesetzt werden.

3.3.9 Skalierbarkeit und Plattformunabhängigkeit

Eine breite Akzeptanz bei Einführung und Erweiterung eines Groupware-Systems in großen Organisationen setzt einerseits eine hohe Skalierbarkeit zur Erreichung annehmbarer Reaktionszeiten, und andererseits die Lauffähigkeit in heterogenen Umgebungen unter Nutzung vorhandener Netzwerke und Rechnersysteme voraus. Nur so ist gewährleistet, daß zur Einführung eines solchen Systems keine hohen Hardwareinvestitionen getätigt werden müssen und trotzdem parallel zur funktionalen und lastspezifischen Erweiterung des Systems eine Kapazitätserhöhung ohne größere Schwierigkeiten möglich ist. Dies stellt bei vielen Groupware-Produkten ein Problem dar, da deren Server-Software meist an eine bestimmte Hard- oder Betriebssystemplattform gebunden ist und somit eine Skalierung, wenn überhaupt, nur durch den aufwendigen Aufbau eines Netzwerkclusters mehrerer kleiner gleichartiger Server erfolgen kann.[197]

---

[195] Open Database Connectivity (ODBC) ist eine von Microsoft stammende, plattformübergreifende Zwischenschicht (Middleware) zur Standardisierung des Datenaustauschs zwischen verschiedenen Datenbankformaten.

[196] Vgl. Lotus (1998b), URL

[197] Ein Beispiel für begrenzte Skalierbarkeit ist die Serverversion von Windows NT, deren Skalierbarkeit in der normalen Server-Version bei der Hardwareunterstützung von maximal vier Prozessoren endet und somit die Auslastungsgrenze eines an diese Plattform gebundenen Servers in der Regel schon bei einigen hundert Clients erreicht wird.

Demgegenüber stellt die Lauffähigkeit auf verschiedensten Plattformen eine zentrale Stärke von Notes dar. Der Notes-Domino-Server ist nativ für verschiedenste Plattformen wie Novell Netware, Windows NT, OS/2, AIX, HP-UX, SUN Solaris, S/390 und OS/400 verfügbar und ist daher auf nahezu allen in Unternehmen verbreiteten Systemen einsetzbar. Diese Skalierbarkeit soll beispielsweise in der S/390-Variante bis zu 10.000 gleichzeitige Benutzer auf einem Server ermöglichen.[198] Zusätzlich kann die Skalierung und automatische gleichmäßige Lastverteilung auch durch Verbindung von bis zu sechs Domino-Servern zu einem Cluster mit Echtzeit-Datensynchronisation erfolgen.

Auf Netzwerkebene unterstützt Notes/Domino acht verschiedene Protokollstandards[199], die einerseits die Nutzung eines vorhandenen heterogenen Unternehmensnetzwerks ermöglichen und andererseits im Zusammenhang mit der Low-Level-Abschottung des Notes-Intranets vom im Internet verwendeten TCP/IP-Protokoll von Bedeutung sein können.

Auf der Client-Seite kann Notes ab Version 5.0 als nahezu plattformunabhängig gelten. Während Notes-Clients für die meisten gängigen Betriebssysteme verfügbar sind[200], ermöglicht die vollständige Internet-Integration die Nutzung nahezu der gesamten Notes-Funktionalität über gängige Internet-Browser. Eine für mobile Anwender sehr relevante Ausnahme ist dabei jedoch das Fehlen von Replikationsmechanismen, wodurch die Offline-Nutzung von Notes-Datenbanken einen Notes-Client erfordert.

Die Plattformunabhängigkeit der Notes-Datenbanken wird dadurch erreicht, daß in Lotus-Script und Java geschriebene Datenbankanwendungen und Agenten auf allen Plattformen lauffähig sind bzw. auf dem Server ausgeführt werden können, so daß, abgesehen von auf API-Basis entstandenen externen Erweiterungen, keine Abhängigkeit von der verwendeten Hardwareplattform herrscht.

---

[198] Vgl. o.V. (1998b), S. 28
[199] Netbios, IPX/SPX, AppleTalk, Banyan Vines, XPC, X.25, DecNet Pathworks, TCP/IP
[200] Windows 3.11, Windows 95, Windows NT, Apple Macintosh, OS/2, AIX, HP-UX, SUN Solaris

3.3.10 Internet-Funktionalität und Internet-Integration

Die rasante Entwicklung des Internets und dessen unternehmensinterner Variante, dem Intranet, ließ Experten im Jahr 1995 daran zweifeln, ob Notes als marktführende, aber proprietäre Groupware-Plattform gegenüber dieser auf offenen Standards basierenden, von Herstellern weitgehend unabhängigen Technologie bestehen können würde. Mit Veröffentlichung der *Domino* genannten Notes-Version 4.5 gelang es Lotus jedoch, das Produkt nicht lediglich um Internet-Funktionalitäten zu erweitern, sondern dem Produkt eine neue strategische Ausrichtung in Richtung Intranet/Internet-Technologie, kombiniert mit den umfassenden sicherheitsrelevanten, softwareergonomischen und produktivitässteigernden Vorteilen der Notes-Plattform, zu geben. Diese neuen Funktionen ermöglichen es, auf Basis bestehender Notes-Netzwerke in Unternehmen eine übergreifende Infrastruktur zu schaffen, die sich mit Hilfe des neuen Domino-HTTP-Servers mit der globalen Reichweite des Internets kombinieren läßt.

Während schon in früheren Versionen die Replikation proprietärer Notes-Datenbanken über Internet möglich war, wird mit Erscheinen der Version 5.0 von Notes/Domino die vollständige Integration aller bedeutenden Internet-Technologien in der gesamten Plattform vollzogen sein.[201] Die Implementation offener Protokolle wie HTTP[202], POP3[203], SMTP[204], FTP[205], NNTP[206], SSL[207], IMAP[208], IIOP[209] und Standards wie HTML 4.0[210], MIME/SMIME[211], Java, JavaScript, JDBC[212], CGI[213] und Corba ermöglicht die Nutzung

---

[201] Vgl. o.V. (1998b), S. 28

[202] Das Hypertext Transfer Protocol (HTTP) dient zur Übertragung von Hypertext-Dokumenten über das Internet

[203] Das Post Office Protocol 3 (POP3) ist ein verbreitetes Protokoll für den Internet-Zugriff auf E-Mail-Datenbanken

[204] Das Simple Mail Transfer Protocol (SMTP) wird beim Versand von E-Mails im Internet verwendet

[205] Das File Transfer Protocol (FTP) dient zur Übertragung von Dateien über TCP/IP

[206] Das Network News Transfer Protocol (NNTP) dient als Protokoll der Usenet-Diskussionsforen

[207] Der Secure Socket Layer (SSL) dient zur verschlüsselten Übertragung von Daten zu Internet-Servern

[208] Internet Mail Access Protocol 4 (IMAP4)

[209] IIOP (Internet Inter ORB (Object Request Broker) Protocol) dient der Kommunikation von Corba-Objekten über TCP/IP

[210] Die Hypertext Markup Language (HTML) stellt als Seitenbeschreibungssprache den Standard für Web-Dokumente dar

[211] Die Secure Multipurpose Internet Mail Extension (S/MIME) ermöglicht den verschlüsselten Versand von Dateien (z.B. Texte mit Umlauten, HTML-Dateien, Binärdateien) per E-Mail

aller verbreiteten Schnittstellen und somit den Zugriff auf alle denkbaren externen Informationsdatenbanken und Datenbestände. Somit ist der Ausbau der Notes-Plattform zur universellen organisatorischen Informationszentrale im Intranet, Internet und Extranet unter einer Oberfläche denkbar.

Zudem integriert Domino 5.0 auch sämtliche Funktionalitäten eines Standard-HTTP-Servers und kombiniert so den Aufbau von Web-Datenbanken und Homepages auf Domino-Server-Basis unter Nutzung einer Oberfläche zur Erstellung, Sammlung, Publikation und Verteilung der Dokumente. Da die unter Notes erstellten Dokumente, Masken und Formulare vom Domino-Server bei Abfrage über das Web automatisch in HTML konvertiert werden, entfällt der für die Erstellung von HTML-Dokumenten nötige Schulungs- und Zeitaufwand, der in der Regel dazu führt, daß die Publikation von Information und Wissen im Intranet unterbleibt.

Die Internet-Integration von Notes 5.0 ermöglicht somit die Nutzung der Notes-Funktionalitäten auch außerhalb des Notes-Intranets. Die Erstellung und Abfrage von Datenbanken, Dokumenten und E-Mail sowie das Verwenden der Volltextsuche und des Terminplaners wird mit Nutzung des Notes-Sicherheitskonzepts also auch gleichberechtigt über den Internet-Browser möglich. Lediglich die Vorteile der Replikationsfähigkeiten – und somit die Möglichkeit der ‚Offline-Nutzung‘ sämtlicher Datenbestände für mobile Anwender – bleiben den Nutzern der Notes 5-Clients vorbehalten.

Darüber hinausgehende Vorteile der Nutzung eines Domino-Servers mit dahinter liegender Notes-Infrastruktur gegenüber der Verwendung einer klassischen HTTP-Server-Lösung, deren Einschränkungen oft nur durch Einsatz umfangreicher Werkzeuge zur Verwaltung von HTML-Dokumenten zu umgehen sind, sind in Tabelle 3-3 genannt, sollen hier jedoch nicht mehr im Detail erläutert werden.

---

[212] Java Database Connectivity (JDBC) stellt im Rahmen eines offenen Standards verschiedene Klassen von Funktionen für Zugriffe auf Datenbanken zur Verfügung und wird von den meisten Datenbankherstellern unterstützt, vgl. Fochler et al. (1997), S. 112

[213] Common Gateway Interface Scripts (CGI-Scripts) stellen die Verbindung von Benutzereingaben zu einer programmierbaren Schnittstelle des Servers dar

HTML-Dateien auf klassischen HTTP-Servern	Dynamisch in HTML übersetzte Notes-Dokumente
Statisches Konzept auf Basis des Filesystems:	Dynamisches Notes-Dokumenten-Management-System:
Änderungen oder Verschiebungen von statisch im Filesystem des Web-Servers vorhandenen HTML-Dateien erfordern eine Identifikation und Änderung aller durch Links verbundenen betroffenen Dokumente.	Dokumente erhalten bei Erstellung unverwechselbare ID und werden bei Internet-Zugriff dynamisch in HTML umgewandelt. Da Notes-basierte Internet-Hyperlinks diese ID verwenden, bleibt ein Link auch nach Verlagerung des Dokuments gültig.
Abhängigkeit von Filesystem des Servers (Namenskonventionen, Übersicht).	Durch die ID unabhängig von Namensgebung des Dokuments und Lage in Datenbank.
Keine Versionskontrolle bei Veränderung, d.h. Änderungen an Dokumenten sind nicht zurückzuverfolgen.	Automatische Versionskontrolle.
Keine Erfassung von Autor und Speicherdatum.	Automatische Erfassung von Autor und Speicherdatum.
Gleichzeitige Änderung eines Dokuments vernichtet Änderung der zuerst gespeicherten Version.	Gleichzeitige Änderung eines Dokuments führt zu Replikationskonflikt und dadurch zu automatischer Speicherung beider Versionen.
Sicherheitskonzept normalerweise in Web-Server integriert, kann jedoch bei Einbindung von Drittprodukten problematisch und aufwendig werden.	Konsistente Notes-Sicherheitsmechanismen auch bei Zugriff über Domino-Server, d.h. Authentifizierung im Web wie über Notes-Client mit identischen Zugriffsrechten
Erstellung von HTML-Dokumenten erfordert separate Software mit für Normalanwender ungewohnter Funktionalität; Übertragung der Datei auf Server und erfordert Kenntnis über Struktur des Filesystems.	Erstellung von Dokumenten im gewohnten Notes-Umfeld; ‚Publikation' des Dokuments erfolgt automatisch analog zum Erscheinen in einer Notes-Datenbank.
Integration einer Volltextsuche über mehrere Datenbanken nur über Drittprodukte und Schnittstellen (z.B.CGI, JDBC) zu realisieren; Integration der Berücksichtigung von Zugriffsrechten dabei komplex.	Notes-eigene Volltextsuche auch über Domino-Server im Internet verfügbar; Indexierung erfolgt automatisch schon bei Erstellung des Dokuments; zusätzlich CGI- und JDBC-Schnittstellen.

Tabelle 3-3: Vorteile des Domino-Servers gegenüber klassischen HTTP-Servern

Quelle: In Anlehnung an Fochler et al. (1997), S. 244

Auch auf Seite des Notes-Clients wurde die konsequente Integration von Internet-Technologien realisiert. Während bei Gestaltung von Masken in Datenbanken bis Version 4.6 noch das Lotus-eigene Rich-Text-Format verwendet wurde, das konzeptbedingt einigen funktionalen Einschränkungen unterlag, nutzt Notes 5.0 durchgehend den HTML 4.0-Standard, der vielfältigere Gestaltungsmöglichkeiten, erweiterte Multimedialität und eine flexiblere Gestaltung von Hypertext-Strukturen bietet. Bisherige Funktionalitäten wie beispielsweise die OLE-Einbindung[214] von Dokumenten oder die Nutzung versteckter Dokumentenfelder für die Versionsverwaltung bleiben jedoch auch weiterhin erhalten.

Die Nutzung von HTML als Standarddokumentenformat stellt eine konsequente Weiterentwicklung des Notes-Web-Navigators dar, der es ermöglicht, direkt aus der Notes-Oberfläche auf Internet-Hyperlinks zuzugreifen und diese Web-Dokumente auch dort darzustellen und zu verarbeiten. Diese Verschmelzung von E-Mail, Notes-Dokumenten und dem Internet, auch in Kombination mit Push-Komponenten der Version 5.0, ermöglicht Informationsverteilung und Recherchefunktionalitäten unter einer gemeinsamen Plattform.

3.3.11 Programmierbarkeit und Entwicklungsplattform

Die in vorigen Kapiteln geschilderten Notes-Basisfunktionalitäten stellen wie erwähnt eine Grundlage für die Entwicklung angepaßter und umfassender Groupware-Anwendungen dar. Notes ist also als Plattform für Lösungen zu sehen, d.h. erst auf organisationsspezifische Probleme zugeschnittene Applikationen ermöglichen die Nutzung des Groupware-Potentials.

Lotus bietet zu diesem Zweck neben dem normalen Notes-Client eine spezielle Designer-Version des Clients an, die eine komplette mehrstufige Entwicklungsumgebung für Notes-Anwendungen beinhaltet.

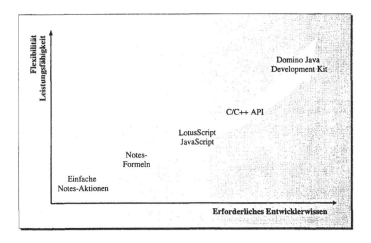

Abbildung 3-3: Programmierkonzepte und Entwicklungsumgebung von Notes 5.0

Quelle: In Anlehnung an Fochler et al. (1997), S. 406

Die einfachste Stufe stellt dabei eine *Notes-Formelsprache* dar, deren Funktionen den in Tabellenkalkulationen üblichen Kommandos ähneln. Sie arbeiten auf Feld-, Dokument- oder Datenbankebene, sind ohne Kenntnis einer Programmiersprache zu verwenden und dienen der Berechnung von Ansicht- und Feldinhalten oder der Automatisierung elementarer Notes-Funktionen wie Fensteraktivitäten, Menüaufrufen oder Replikationsvorgängen.

Eine leistungsfähigere, aber auch etwas aufwendigere Methode stellt die der BASIC-Syntax ähnliche, aber objektorientierte Programmiersprache *LotusScript* dar, die eine umfassende Programmierung der gesamten Notes-Funktionalität ermöglicht. Ein eingebauter Debugger erleichtert die Erstellung aufwendiger Anwendungen innerhalb der Notes-Datenbanken.

Ein Hauptanwendungsgebiet dieser Programmierung ist die Erstellung sogenannter *intelligenter Agenten*. Diese können benutzergesteuert, transaktionsabhängig oder periodisch

---

[214] Bei Object Linking and Embedding (OLE) handelt es sich um eine Microsoft-Technologie, die es ermöglicht, Objekte einer Anwendung in Objekte anderer Anwendungen einzubetten, bspw. eines Excel-Diagramms in ein Notes-Dokument

auf Domino-Servern und Notes-Clients ausgeführt werden, und ermöglichen die Automatisierung von Routinetätigkeiten und Datenbankaktivitäten wie der Weiterleitung von Nachrichten, der Replikation zu lastniedrigen Zeiten, der selbsttätigen Datensicherung und Archivierung von Dokumenten, der Volltextindizierung oder der vollautomatischen Erstellung von Metadaten[215] über vorhandene Datenbestände.

Sowohl die Makrosprache, als auch LotusScript-Programme, ermöglichen die plattformunabhängige Erstellung von Datenbankanwendungen, da diese auf allen verfügbaren Notes-Clients und Domino-Servern lauffähig sind. Während andere Groupware-Produkte zum heutigen Zeitpunkt noch mit bekannten Problemen der systemunabhängigen Lauffähigkeit von Java-Applikationen zu kämpfen haben[216], ist anhand der beschriebenen Technologien schon seit Notes-Version 4.0 die Nutzung von eigen- und fremdentwickelten Notes-Datenbankanwendungen in völlig heterogenen Netzwerken und Betriebssystemumgebungen möglich.

Sollen Anwendungen erstellt werden, die nicht mit der Notes-Basisfunktionalität realisierbar sind, kann durch Nutzung der API-Programmierschnittstellen der Zugriff auf Low-Level-Routinen erfolgen, die Lotus selbst zur Erstellung der Notes-Basisfunktionalität nutzt.[217] Auf diese Weise können einerseits externe Datenbanken über standardisierte Schnittstellen auf die Notes-Datenbasis zugreifen, und andererseits können so Drittapplikationen erstellt werden, die als Mittler zwischen Notes und anderen Groupware- oder Datenbanksystemen dienen. Die Verwendung der API-Funktionen bleibt jedoch aufgrund der Komplexität erfahrenen Programmierern vorbehalten und führt zum Verlust der Plattformunabhängigkeit dieser Anwendungen, da API-basierte Applikationen meist nur unter einem bestimmten Betriebssystem lauffähig sind.

---

[215] Für ein Informationssystem wesentliche Arten von Metadaten sind die verbale Beschreibung der Information und Verweise auf Schlüsselbegriffe, vgl. Bender (1992), S. 115ff.
Metadaten, als ‚Informationen zu und über Informationen', liefern damit beispielsweise einen schnell wahrnehmbaren Überblick über umfangreiche Dokumente.

[216] Der ‚*write once, run anywhere*'-Anspruch des Java-Erfinders SUN Microsystems, der die völlige Plattformunabhängigkeit von Java-Applets ermöglichen soll, ist zum heutigen Zeitpunkt mit der Java-Version 1.1 noch nicht erreicht, da beispielsweise noch starke Darstellungsunterschiede des Java User Interfaces auf verschiedenen Plattformen existieren. Zusätzlich wird die plattformunabhängige Lauffähigkeit von Java-Applikationen unter anderem durch die Produktpolitik des Microsoft-Konzerns torpediert.

Zur Lösung dieser Problematik bietet sich Java-Technologie an, die seit Version 4.6 auch unter Notes einsatzfähig ist. Mit Verschwinden der oben erwähnten Problematik der In-kompatibilität verschiedener Java-Implementationen könnten die proprietären Entwick-lungsschnittstellen wie LotusScript und Notes-APIs von Java abgelöst werden. Mit Domino-Version 5.0 und Erscheinen der Lotus Domino Java-Entwicklungsumgebung D-JDK wird es möglich sein, die Messaging- und Groupware-Funktionen anhand von Java-Scripts, Java-Server-Agenten und Java-Applikationen zu nutzen.[218]

---

[217] Vgl. Falkner (1996), S. 10
[218] o.V. (1998a), URL

4 LOTUS NOTES ALS WERKZEUG FÜR DAS KNOWLEDGE MANAGEMENT

Während die Weiterentwicklung von Internet-Technologien erst seit wenigen Jahren zur Entwicklung skalierbarer Groupware-Anwendungen in heterogenen Umgebungen geführt hat, bot Lotus mit seinem Produkt Notes schon seit Beginn der 90er Jahre eine derartige Plattform. Aufgrund der umfangreichen Basisfunktionalitäten wie der Replikation, Messaging-Komponenten, Diskussionsdatenbanken, datenbankübergreifenden Retrieval-Funktionen, Workflow-Funktionalitäten, der Versionsverwaltung und dem Entwicklungssystem ist Lotus bis heute unbestrittener Marktführer im Groupware-Bereich und hat sich in der Praxis auch bei der Realisierung eines elektronischen ‚organisatorischen Gedächtnisses‘ durchgesetzt. Organizational Memory Lösungen auf Basis der sich rasant entwickelnden Internet- und Intranettechnologie könnten in absehbarer Zukunft zwar eine Alternative zu Notes darstellen, spielen momentan aufgrund sicherheitsrelevanter Aspekte wie auch der eingeschränkten Offline-Anwendungen eine eher untergeordnete Rolle. Zudem ist fraglich, ob nicht gerade die Öffnung von Notes/Domino 5.0 zugunsten der Internet-Technologie die Vorteile beider Lösungen vereint.

Es ist sicherlich richtig, daß ein großer Teil der hier untersuchten Fähigkeiten von Notes auch von vielen anderen Groupware-Anwendungen wie beispielsweise Microsoft Exchange, Novell Groupwise oder auch per Java-fähigem Internet Browser bereitgestellt werden könnte. Trotz allem besitzen diese Werkzeuge bis heute noch nicht die Möglichkeit, unter einer gemeinsamen Oberfläche ein ganzheitliches Knowledge Management-System mit integrierten, für den Benutzer unsichtbaren Schnittstellen zu nahezu allen in einer Organisation schon vorhandenen, über Jahre gewachsenen Datenbanksystemen und Wissens-Repositories bereitzustellen. Nicht das Vorhandensein spezifischer Einzelfunktionalitäten, sondern die sinnvolle Kombination aller Groupware-, Kommunikations- und Datenbankfunktionalitäten ermöglichen jedoch die Realisierung eines Gesamtsystems, das diesem Anspruch gerecht werden kann. Der medienbruchfreie Zugriff auf alle Wissensbestände über eine Oberfläche stellt einen entscheidenden Erfolgsfaktor für die Einführung und Nutzung eines Knowledge Management Systems dar.

Im folgenden wird nun also näher darauf eingegangen, inwiefern Notes mit seiner Funktionalität für die Realisierung technischer Aspekte des Knowledge Managements geeignet ist. Da das Produkt nicht als ‚Out-of-the-Box'-Knowledge Management Tool, sondern als *Plattform* für derartige Anwendungen verstanden werden muß, können lediglich Anregungen gegeben werden, inwiefern Notes dies unterstützen kann. Insofern wird dabei auch auf Notes-Applikationen von Drittherstellern eingegangen, die unter Nutzung dieser Notes-Grundfunktionalität sinnvolle Erweiterungen in Richtung Knowledge Management darstellen.

Dabei orientiert sich die folgende Untersuchung an der in Kapitel 2.2 genannten Struktur des Baustein-Modells von Probst[219], das Knowledge Management in logische Phasen unterteilt. Diese liefern Ansatzpunkte für Interventionen, bieten ein pragmatisches Raster für die Ursachenforschung für Wissensprobleme und eignen sich daher dazu, ein Produkt wie Notes auf seine Fähigkeiten zur Unterstützung von Knowledge Management Prozessen praxisnah zu überprüfen.

4.1 Die Notes-Grundfunktionalität als Basis für Knowledge Management-Anwendungen

4.1.1 Wissensziele

Die Definition normativer, strategischer und operativer Wissensziele stellt die Basis für Knowledge-Management-Aktivitäten im Unternehmen dar, da sie Klarheit darüber schafft, welches organisatorische Kernwissen wie aufgebaut, entwickelt, verteilt und geteilt werden soll. Für eine erfolgreiche Implementierung eines Knowledge-Management-Systems auf Basis von Informations- und Kommunikationstechnologie ist es daher unerläßlich, diese strategisch wichtigen Planungs- und Entscheidungsprozesse im Vorfeld zu durchlaufen.

Eine Groupwareplattform wie Notes kann dabei in mehrfacher Hinsicht unterstützend wirken, da in der oberen Führungsebene eines Unternehmens eine vollständige Kenntnis, welche Stärken und Schwächen, welche Kommunikationsstrukturen und welche expliziten

Wissensbestände in der Organisation schon vorhanden sind, meist nicht in der nötigen Ausprägung vorhanden ist. Gerade die Definition strategischer und operativer Wissensziele, die die Einbindung vieler beteiligter, räumlicher verteilter Organisationsmitglieder bedarf, erfordert daher eine umfangreiche Informations- und Kommunikations-Infrastruktur – wie Notes sie darstellt.

Notes unterstützt dies einerseits durch die einfache Punkt-zu-Punkt-Kommunikation in Form von *E-Mail*, sowie andererseits durch Einrichtung von *Diskussionsdatenbanken*, die durch offene Auseinandersetzung mit den Wissensbeständen der Organisation eine Identifikation des gewünschten Kompetenzportfolios ermöglicht. Eine solche Diskussion in diesen Foren ermöglicht die Einbeziehung von Mitarbeitern, Teams und anderen Organisationen, die insbesondere bei der Wahl einer adäquaten Implementierungsstrategie für die normativen und strategischen Wissensziele von hoher Bedeutung ist.

Notes kann zudem als Instrument des Managements für die Verbesserung der Entscheidungsgrundlagen für eine strategische Planung des Wissensbedarfs dienen, d.h. es stellt ein Werkzeug zur Informationsbeschaffung für eine Bestandsaufnahme der organisatorischen Wissensbasis dar. Soweit vorhanden, könnten Notes-Datenbanken stellenspezifische Anforderungskataloge wie auch den Schulungsstand und Weiterbildungsplan verschiedener Organisationsmitglieder enthalten, um strategische Bildungsbedarfsanalysen und damit die Definition operativer Wissensziele zu ermöglichen. Durch offene *Schnittstellen* ist zusätzlich die Anbindung von Management-Informations-Systemen (MIS/EIS) denkbar, die Hintergrundinformationen für die Zieldefinition liefern.

Alle Informationen können also in Notes-Dokumenten unter einer einheitlichen Oberfläche dargestellt werden, und erleichtern somit die Eingrenzung von Wissenszielen. Die dazu nötige Sammlung sämtlicher Informationen in einem Notes-System ergibt zudem die ersten Erfahrungen, welche Wissensmanagementkomponenten softwaretechnisch unterstützt werden können, an welchen Stellen in welchem Umfang in den organisatorischen Wissensbildungsprozeß eingegriffen werden soll und inwiefern in diesem System kreative Freiräume durch vorgegebene Strukturen eingeschränkt werden müssen.

---

[219] Vgl. Abbildung 2-4, S. 17

4.1.2 Wissensidentifikation

Die Wissensidentifikation steht mit zunehmenden Daten-, Informations- und Wissensmengen vor immer größer werdenden Problemen. Da Informationssysteme in zunehmendem Maße zur Speicherung alles informationstechnisch Greifbaren geführt haben, muß ein Knowledge Management System jedem Organisationsmitglied den Zugriff auf die richtigen Wissensbestände zur richtigen Zeit ermöglichen, sowie bei der Identifikation derjenigen Organisationsmitglieder, die implizites, nicht in Datenbanken gespeichertes, problemspezifisches Wissen tragen, unterstützend wirken.

Eine wachsende Akzeptanz eines Notes-Systems resultiert in den meisten Fällen innerhalb kurzer Zeit in einem unüberblickbaren ‚digitalen Lager', in dem jede Art strukturierter und unstrukturierter Information gespeichert ist. Um die Wissens- und Wissensträgeridentifikation zu ermöglichen, muß dem Benutzer ein Bündel an Werkzeugen bereitgestellt werden, das die Suche nach problemrelevanten Wissensbeständen ermöglicht.

Dabei kann grundsätzlich von zwei Ansatzweisen ausgegangen werden. Einerseits wird davon ausgegangen, daß der Benutzer im Sinne eines *angebotsinduzierten Wissensbedarfs* mit Hilfe sogenannter ‚Push-Dienste' auf neue Wissensbestände hingewiesen wird, um ihn automatisch mit Neuigkeiten in seinem Wissensgebiet zu versorgen. Andererseits kann aufgrund eines *nachfrageinduzierten Wissensbedarfs* die Aktivität vom Benutzer ausgehen, der bei Erkennen eines Wissensdefizits mit Hilfe der ‚Pull-Dienste' nach organisatorischen Wissensbeständen zu einem bestimmten Thema sucht. Beide Ansätze, Push- wie Pull-Dienste, sind mit Notes realisierbar. Da der angebotsinduzierte Ausgangspunkt jedoch primär der Wissensdistribution nicht der Wissensidentifikation zugeordnet werden kann, wird dieser in Kapitel 4.1.5 näher erläutert und im folgenden nur auf Pull-Dienste eingegangen.

Diese setzen grundsätzlich eine Intervention des Benutzers zur Suche nach Informationen voraus. Dabei wird grundsätzlich zwischen den Ansätzen *Information Retrieval* und *In-*

formation Exploration differenziert, die sich hinsichtlich der Einbezogenheit des Benutzers in den eigentlichen Suchprozeß unterscheiden.[220]

4.1.2.1 Information Retrieval

Ziel von Information Retrieval Systemen ist es, „aus der Gesamtmenge der verfügbaren Informationseinheiten diejenigen herauszufiltern, deren semantische Beschreibung mit einer Suchformulierung in Übereinstimmung gebracht werden kann."[221] Diese Werkzeuge ermöglichen also, relevante Elemente der Wissensbasis anhand eines formulierten Suchziels aufzufinden. Da diese deskriptiven Suchformulierungen stark vom Sprachgebrauch des Wissensnachfragers abhängen, sind möglichst zusätzlich Thesauri zur Suche im Kontext des Suchbegriffs zu berücksichtigen.

Durch die zunehmende Verwendung multimedialer Anwendungen sind auch Fremdformate von Textverarbeitungen, Präsentationsprogrammen und Tabellenkalkulationen in diese Suchalgorithmen einzubeziehen. Zudem sollte im zur Erreichung einer integrierten, datenbankübergreifenden Wissensidentifikation eine systemweite Volltextindizierung sämtlicher Wissensbasen der Organisation unterstützt werden. Nur so kann medienbruchfrei auf die gesamte organisatorische Wissensbasis – unabhängig von der physikalischen Lage eines Wissenselements, die der Benutzer nur selten kennen kann – zugegriffen werden.

Daß der dabei erhaltene Ergebnisumfang zu einer enormen kognitiven Belastung des Benutzers führt, ist, illustriert am Beispiel der Suchmaschinen des World Wide Webs, nahezu unumstritten.[222] Gerade für Knowledge-Management-Werkzeuge, die eine *angemessene Wissenstransparenz* herbeiführen sollen, ist daher die Entwicklung ‚intelligenter‘ Suchalgorithmen in Form von Such-, Indizierungs- und Relevanzgewichtungsverfahren unerläßlich, die die Anzahl der ‚Treffer‘ einschränken und inhaltlich sortieren.

Die Notes-Basisfunktionalität bietet zu diesem Zweck eine datenbankübergreifende Volltextindizierung. Sie ermöglicht die Suche in textbasierten multimedialen Notes-

---

[220] Vgl. Hohl (1995), S. 14
[221] McGill, Salton (1983), zitiert nach Hohl (1995), S. 15
[222] Vgl. Kapitel 2.2.2.1.1

Dokumenten und eingebetteten Objekten, unterstützt die Verwendung eines Thesaurus und bietet die Definition weiterer Kriterien zur Einschränkung des Ergebnisumfangs.[223] Diese Volltextsuche ist zudem auch über den Web-Browser verfügbar. Ausgeklügelte Relevanzgewichtungsverfahren bietet diese Notes-Funktion jedoch zum momentanen Zeitpunkt noch nicht. Einige Dritthersteller wie Fulcrum, Verity und Excalibur haben sich daher darauf spezialisiert, ‚intelligentere' Knowledge Retrieval Werkzeuge zu entwickeln, die auf die Notes-Datenbasis und andere Informationsdatenbanksysteme zugreifen.[224] Lotus wird jedoch zur Version 5.0 auch selbst neue Retrieval-Funktionalitäten direkt in Notes implementieren, die eine Relevanzgewichtung ermöglichen und vorhergehende Suchaktivitäten des Benutzers in nachfolgenden Suchprozessen und Ergebnisbewertungen berücksichtigen sollen.[225]

4.1.2.2 Information Exploration

Information Exploration ermöglicht dem Benutzer aufgrund einer Wissenskarte, im Informationsraum und damit in Problembereichen selbständig zu navigieren.[226] Diese graphische Darstellung ist insbesondere dann von Vorteil, wenn der Benutzer im voraus nur eine unscharfe, nicht vollständig spezifizierbare Vorstellung des Wissensziels und der Strukturen und Inhalte des Wissensgebiets hat, aber ungefähr weiß, in welchem Bereich die Informationen zu finden sein müßten. Durch einen interaktiven Suchprozeß kann er über ein graphisch dargestelltes Beziehungsmodell der Wissensbestände „Informationen über die Struktur des Problemraums gewinnen, im Problemkontext aufnehmen, interpretieren, neues Wissen assimilieren und in sein mentales Modell der Wissensstrukturen einbetten."[227]

Verschiedene Wissenskartenarten und deren Anwendungen wurden bereits in Kapitel 2.2.2.1.3 genannt. Sind im Knowledge-Management-System entsprechende Informationen wie die Interessen- und Wissensprofile aller Experten in Verbindung mit ihren geographischen und organisatorischen Positionen abgelegt, ist eine einfache Visualisierung eines

---

[223] Für eine nähere Beschreibung der Notes-Volltextsuche vgl. Kapitel 3.3.4
[224] Vgl. Kapitel 4.2.1
[225] Vgl. Lotus (1998a), URL
[226] Vgl. Kapitel 2.2.2.1.3

‚sozialen Netzwerks' anhand von Wissensträger-, Wissensbestands- und Wissensstruktur-karten, beispielsweise auf Basis korrelierender Mitarbeiterinteressen, möglich.

Notes bietet in seiner Grundfunktionalität keinerlei Unterstützung für die graphische Dar-stellung von Wissenskarten oder einer ähnlichen Visualisierung von Beziehungsmodellen zwischen Datenbanken oder Dokumenten. Die Entwicklung eines solchen Tools mit Hilfe der Notes-Entwicklungsumgebung kann somit als aufwendig eingestuft werden. Auf Notes basierende Produkte von Drittherstellern bieten jedoch derartige Funktionalitäten – beispielsweise grapeVINE mit der ‚Knowledge Chart', die ein hierarchisches Modell des organisatorischen Wissens abbildet.[228]

Wird jedoch auf eine graphische Darstellungsweise verzichtet und auf eine rein textuelle Darstellung zurückgegriffen, ist es auf Basis der Notes-Grundfunktionalität auch möglich, Information Exploration zu implementieren. Mit in Notes-Dokumenten eingebetteten Do-kumentverknüpfungen kann eine umfassende, automatisch erstellte Hyperlinkstruktur rea-lisiert werden, die einen interaktiven Such- und Navigationsprozeß ermöglicht. Dynamisch aus verschiedenartigen Datenbanken wie Expertenverzeichnissen, Interaktionsprofilen und Notes-Adreßbüchern erzeugte Dokumente ermöglichen so die Suche innerhalb eines weit gefaßten Wissensfeldes. Diese Dokumente sind zudem nach frei wählbaren Stichworten zu sortieren, so daß dem Benutzer ein umfassendes Werkzeug zur Identifikation und Selekti-on relevanter Wissensbausteine zur Verfügung steht.

4.1.3 Wissenserwerb

Der Wissenserwerb stellt besondere Anforderungen an ein Knowledge-Management-System, da zur Akzeptanz extern erworbenen Wissens der Integrationsgrad in die vorhan-dene Wissensinfrastruktur eine bedeutende Rolle spielt. Nur medienbruchfrei verfügbare, in die gewohnte Umgebung eingebundene externe Wissensbestände werden letztendlich auch genutzt und in den Lernkreislauf der Organisation einbezogen.

---

[227] Vgl. Hohl (1995), S. 14
[228] Vgl. die Beschreibung des Produkts *grapeVINE* in Kapitel 4.2.2

Im Zusammenhang mit Knowledge-Management-Systemen beschränkt sich der computerunterstützte Wissenserwerb hauptsächlich auf die Anbindung externer, explizit vorliegender Wissensbestände in elektronischen Archiven, Datenbeständen und Informations- und Kommunikationsnetzen. Eine hohe Verfügbarkeit verschiedenster Schnittstellen sowie die mögliche Verarbeitung von Wissenselementen in fremden Datei- und Datenformaten spielen daher eine entscheidende Rolle.

Notes verfügt über eine Vielzahl an Schnittstellen, die den Zugriff auf andere proprietäre Systemwelten ermöglichen.[229] Somit kann Notes als integriertes Element eines sehr heterogenen Datenbanksystems dienen, das die Verteilung und Darstellung des gesamten in externen und internen Datenbanken und Netzwerken gespeicherten Wissens unter einer Oberfläche ermöglicht. Auch die Darstellung von Fremdformaten in der Notes-Umgebung, beispielsweise verschiedener Textverarbeitungssysteme, Präsentationsprogramme, aber auch HTML-basierter Dokumente, ist in der Notes-Basisfunktionalität implementiert.

Die nahtlose Integration von Internet-Technologien ermöglicht zudem eine vereinfachte Verwendung extern vorhandener Wissensquellen und Wissensträger. Der Anwender muß sich beispielsweise nicht mit den Unterschieden zwischen Internet- und Notes-Mail oder Dokumentverknüpfungen innerhalb und außerhalb des Intranets auseinandersetzen und kann so medienbruchfrei auf externes Wissen und deren Träger, beispielsweise Kunden oder Stakeholder, zurückgreifen. Diese strukturelle Verknüpfung externer Informations- und Datenbestände mit den organisationsinternen Wissensbasen erhöht die Transparenz und Greifbarkeit externen Wissens und vermeidet somit Kognitions-, Kommunikations- und Akzeptanzbarrieren zwischen Organisation und Umwelt.

4.1.4 Wissensentwicklung

Die Entwicklung neuen Wissens wie auch die Weiterentwicklung der individuellen und kollektiven Wissensbasis erfordert den Aufbau einer Wissensproduktionsstrategie. Neben der Anpassung der Unternehmenskultur und der Personalentwicklung ist dabei ein durch-

---

[229] Vgl. Kapitel 3.3.8

dachtes Konzept einer Infrastruktur zu erstellen, das individuelle und kollektive Wissens-entwicklungsprozesse unterstützt.[230]

Ein zentraler Punkt der individuellen Wissensentwicklung ist die Schaffung von Anreizen, die das Organisationsmitglied dazu veranlassen, seine Wissensbasis zu erweitern. Dazu sind auch in einem Knowledge-Management-System Freiräume zu implementieren, die es dem Einzelnen erlaubt, sich mit Wissen auseinanderzusetzen, das den eigenen Kompetenzbe-reich überschreitet.[231] Eine äußerst stringente informationstechnische Sicherheitspolitik, beispielsweise mit einer genauen Definition von Notes-Zugriffsrechten anhand der hierar-chischen Position des Einzelnen, ist zwar eine wirkungsvolle Maßnahme gegen den ‚In-formation overload‘ und auch zur Unterbindung der Abwanderung sensitiven Wissens, bringt jedoch wissensmultiplikative Prozesse über Hierarchiegrenzen hinweg mit hoher Wahrscheinlichkeit zum Erliegen. Je mehr vorhandenes, unterschiedliches Wissen dagegen in einen Problemlösungsprozeß eingebracht werden kann, desto wahrscheinlicher ist die Entwicklung neuen Wissens.[232] Es sollte dem Einzelnen daher erlaubt sein, auch auf Notes-Datenbanken zuzugreifen, die nicht direkt seinem Aufgabenbereich zugeordnet sind.

Die Identifikation und Verarbeitung von in Datenbanken gespeichertem Wissen ist für die Wissensgenerierung jedoch nur ein Aspekt. Vielmehr spielen *Kommunikations-komponenten* eines Knowledge-Management-Systems für die individuelle Wissensent-wicklung eine sehr bedeutende Rolle, sei es durch direkte Kommunikation zwischen Orga-nisationsmitgliedern per *E-Mail* oder öffentlich in *Diskussionsforen*. Diese zentralen Groupware-Funktionen ersetzen die aus räumlichen oder zeitlichen Gründen nicht im di-rekten Kontakt mögliche Übertragung von Wissen.[233] Beide Kommunikationsformen wer-den von Notes in der Basisfunktionalität umfangreich unterstützt.

Kombiniert mit den Notes-Workflow- und Messagingkomponenten sind jedoch darüber hinaus anspruchsvollere Anwendungen denkbar, die durch ihre Interaktivität den Wissens-

---

[230] Vgl. Kapitel 2.2.4
[231] Vgl. Dier/Lautenbacher (1994), S. 113ff.
[232] Vgl. Kapitel 2.2.4
[233] Vgl. Dier/Lautenbacher (1994), S. 89ff.

entwicklungsprozeß fördern. Die Effektivität eines betrieblichen Vorschlagswesens – und damit die gedankliche Verbundenheit des Mitarbeiters mit Verbesserungsprozessen – ist beispielsweise zu einem nicht unerheblichen Teil davon abhängig, inwieweit unmittelbare *Rückmeldungen* zu den Vorschlägen der Mitarbeiter folgen. Notes kann hier anhand seiner Workflow-Funktionalität dafür sorgen, daß Vorschläge, die auf dem vernetzten Wissen des Mitarbeiters basieren, an thematisch zuständige Betreuer automatisch weitergeleitet und direkt bearbeitet werden können. Der Mitarbeiter kann sich im Notes-System jederzeit über den Bearbeitungsstand seines Vorschlags informieren und wird durch die Einbeziehung in den Verbesserungsprozeß zu organisatorischen Lernprozessen motiviert.

Direktes Feedback zu individuellen Aktivitäten als Motivationsfaktor für die Wissensentwicklung ist jedoch nicht nur auf individuelle Kommunikationsprozesse zu beziehen, sondern ist auf das *Gesamtsystem* zu übertragen. Im ökonomischen Sinne handelt es sich bei elektronischen Wissensbasen um öffentliche Güter, die jeder Einzelne gerne in Anspruch nimmt, zu deren Erstellung und Verbesserung er jedoch aus individuellen Gründen, beispielsweise zeitlicher Art, nichts beitragen will. Da der Zusatznutzen, den der Einzelne aus der Einspeisung eines Beitrags in das Knowledge-Management-System zieht, grundsätzlich geringer ist als der kumulierte Nutzen aller Verwender des Beitrags[234], müssen Anreizsysteme geschaffen werden, die zur Erweiterung der kollektiven Wissensbasis motivieren.

Die Notes-Plattform bietet für eine solche Implementierung vielfältige Möglichkeiten. Wird ein Knowledge-Management-System vollständig mit Notes-Datenbanken realisiert, können unter Beachtung datenschutzrechtlicher Bestimmungen verschiedene Aktivitäten in den Wissensbasen oder Diskussionsforen, beispielsweise die Anzahl neuer Beiträge und die darauf folgende Anzahl von Abfragen dieser Dokumente, festgehalten werden.[235] Die daraus entwickelbaren Schlußfolgerungen, wie hoch der *kollektive Wissensentwicklungsbeitrag* oder *Wissensumschlag* des Einzelnen oder einer Gruppe ist, lassen sich als Motivationsfaktoren einsetzen, da der Einzelne seine individuelle ‚Wissensperformance' mit der

---

[234] Vgl. Glance et al. (1998), S. 41

der Gesamtorganisation vergleichen kann. Vergleichbare Implementierungen wie beispielsweise *Knowledge Pump* haben gezeigt, daß eine solche Visualisierung der kollektiven Wissensaktivitäten stimulierend auf die effiziente Nutzung eines Knowledge-
Management-Systems wirkt.[236] Neben rein ideellen Motivationskomponenten können die
protokollierten Wissensaktivitäten in Notes auch eine Basis für monetäre Anreize wie die
Entlohnung nach dem Wissensumschlag darstellen, die die Preisgabe individuellen Wissens fördert und zur Erstellung qualitativ hochwertiger ‚Lessons learned‘-Projektberichte
nach Projektabschluß anspornt.[237]

4.1.5 Wissensdistribution

Die Wissensdistribution ist eine zentrale Komponente eines Knowledge-Management-
Systems. Sie dient dazu, explizit vorliegendes Wissen auch über zeitliche, räumliche oder
organisatorische Grenzen hinweg teilbar und nutzbar zu machen. Die Übertragung relevanter gespeicherter Wissenselemente zum Ort der Anwendung wird nur möglich, wenn
also eine entsprechende Infrastruktur existiert, die den einzelnen Organisationsmitgliedern
den Zugriff auf die gesamte organisatorische Wissensbasis zur Verfügung stellt. Diese Erkenntnis sollte jedoch nicht zu einem „mechanischen Verteilen und Verschieben von Wis-
senspaketen“ führen, sondern zu einem „(Mit)teilen“ zwischen Individuen, Teams und
Arbeitsgruppen.[238] Der oft erwähnte ‚Information overload‘ ist ansonsten die Folge.

4.1.5.1 Zentral orientierte Wissensdistribution

Werkzeuge zur Wissensdistribution haben eine enge Verbindung zu denen der Wissensidentifikation, da beide Ansätze den Transport relevanter Information zum Benutzer reali-

---

[235] Vgl. dazu die Kostenerfassungsklassen im Rahmen des Notes-Billing-Konzepts, die in Tabelle 3-2, Seite 75, dargestellt sind. Diese geben Aufschluß darüber, welche Notes-Datenbankaktivitäten für die hier genannten Zwecke festgehalten werden könnten.

[236] Vgl. die Fallstudie ‚Knowledge Pump‘ in Glance et al. (1998), S. 44ff. Dieses Java- und HTML-basierte System stellt dem Benutzer unter anderem graphisch die Verhältnisse zwischen individuellem und organisationsweit durchschnittlichem Beitragszufluß sowie individueller und durchschnittlicher Beitragsnutzung dar.

[237] Vgl. Kapitel 2.2.4.1 und 2.2.4.2

[238] Vgl. Probst (1997), S. 222ff.

sieren. Im Kapitel 4.1.2 wurden bereits nachfrageinduzierte Verteilungsmethoden, sogenannte *Pull-Dienste*, erläutert, die dem Benutzer auf Notes-Basis Retrieval- und Explora-
tion-Werkzeuge zur Identifikation relevanten Wissens zur Verfügung stellen. Sie sollen
daher an dieser Stelle nicht näher erläutert werden.

Angebotsinduzierte Verteilungsmethoden wie *Push-Dienste*, auch oft als ‚Channel-
Technologie' bezeichnet, sollen „in einem Intranet darauf ausgerichtet sein, die richtige
Information zur richtigen Zeit an die richtige Person zu übermitteln."[239] Die dazu nötige,
von Glance et al. als „Personalized content filtering"[240] beschriebene, automatische oder
halbautomatische Selektion relevanter Wissensbausteine erfolgt auf Basis einer in Benut-
zerprofilen gespeicherten Interessenslage eines Organisationsmitglieds. Eine individuelle
Auswahl an neuen, für den jeweiligen Benutzer vermutlich interessanten Informationen
wird dem ‚Abonnent' des Diensts dann aufgrund dieser Informationen zugestellt. Die Darstellung könnte beispielsweise als ‚Newsletter' per Notes-E-Mail oder in Form von nach
Relevanz sortierten Dokumenten in einer speziell dafür vorgesehenen Datenbank erfolgen.

„Keine Software ist in der Lage, Informationen selbst nach Inhalten zu sortieren, um sie
dann an die entsprechenden Empfänger zu senden."[241] Der kritische Punkt eines Push-
Diensts ist also nicht primär die Verteilungs-Infrastruktur, die durch die Notes-
Basisfunktionalität vollständig gegeben ist, sondern die Aktualität der Benutzerprofile und
die Klassifikation des Inhalts. Während der eigentliche Klassifikationsprozeß mit Notes-
Agenten eigentlich problemlos realisierbar wäre, hat sich im Rahmen der ‚Künstlichen Intelligenz'-Forschung gezeigt, daß insbesondere unstrukturierte Informationen kaum voll-
automatisch inhaltlich kategorisierbar sind. Um dies zu umgehen, müssen andere
Organisationsmitglieder in die Kategorisierung eingebunden werden. Ein Ansatz dazu ist
die ebenfalls von Glance et al. als „Collaborative Filtering" beschriebene Ansatzweise, die
besagt, daß Wissensteilung durch *Empfehlungen* bestimmter im System vorhandener Wissensinhalte erreichbar ist.[242] Dies kann einerseits durch die automatische Auswertung der
Zugriffsstatistik geschehen, indem Empfehlungen aufgrund der Datenbankaktivitäten von

---

[239] Vgl. Pool (1998), S. 8
[240] Vgl. Glance et al. (1998), S. 38
[241] Pool (1998), S. 8

Organisationsmitgliedern, die ein ähnliches Wissensprofil wie der Nachfrager besitzen, automatisch übermittelt werden. Diese Korrelationen lassen sich durch Notes-Agenten errechnen, die die bei Datenbankzugriffen protokollierten Benutzeraktivitäten auswerten und entsprechende Hinweise ('Pointers') an andere Benutzer mit korrelierendem Interessensprofil wie dem Datenbankbenutzer versenden.

Eine zweite, aber personell aufwendigere Variante ist die *Empfehlung* von Wissensbeständen durch Experten, die manuell neue Informationen 'ihres' Fachgebiets bewerten und über entsprechende Push-Kanäle an andere Organisationsmitglieder mit korrelierendem Interessensprofil verteilen. Ein solches System verlangt jedoch einerseits zur Klassifikation ein organisationsweit einheitliches Sprachverständnis, und andererseits ein Anreizsystem, das den Experten zu diesen aufwendigen Bewertungstätigkeiten veranlaßt. Die Implementierungsarten sind vielfältig, lassen sich jedoch mit der Notes-Basisfunktionalität problemlos datenbankübergreifend realisieren. Auch Produkte von Drittherstellern, wie das in Kapitel 4.2.2 näher beschriebene Produkt *grapeVINE*, bieten hier fertige Lösungen, in denen verschiedene Anreiz- und Belohnungssysteme für die Klassifikationstätigkeiten der Experten realisiert wurden.

Neben der Implementierung der Anreizsysteme, die einen Experten zur Bewertung neuen Wissens veranlaßt, spielt die vollständige *Integration der Empfehlungsfunktionen* in das Gesamtsystem für einen effizienten Einsatz eine enorme Rolle. Dies bedeutet, daß die Empfehlung von jeder einzelnen Applikation des Knowledge-Management-Systems aus ausgesprochen werden können sollte, anstatt dafür eine isolierte Anwendung zu schaffen.[243] In Notes könnte hierzu beispielsweise eine einfache, per Menü oder 'Aktion' aufrufbare Funktion geschaffen werden, die in Dokumenten versteckte Felder mit den Empfehlungsdaten füllt, die von einem Notes-Agenten in periodischen Abständen automatisch ausgewertet und in eine 'Empfehlungsdatenbank' zur weiteren Verarbeitung übertragen werden.

---

[242] Vgl. Glance et al. (1998), S. 38
[243] Vgl. ebenda, S. 41

4.1.5.2 Dezentral orientierte Wissensdistribution

Die bisher vorgestellten Ansätze zur Wissensdistribution betreffen primär die Wissensverteilung über eine zentrale Verteilstelle, die die Klassifikation und Verteilung der Wissenselemente steuert. Wissen ist jedoch ein Gut, das oftmals nur in persönlicher Kommunikation zwischen zwei Organisationsmitgliedern übertragen werden kann. Die technische Unterstützung dieser Prozesse ist jedoch nicht nur in der Bereitstellung von E-Mail-Systemen zu sehen, sondern muß im gesamten System implementiert sein.

Die Personifizierung der Wissensbestände[244] wird in Notes durch die nahtlose Integration der Messaging-Komponente in sämtlichen Funktionen ermöglicht. Notes-Datenbanken sind vollständig als Hypertext-Raum realisierbar, da der Urheber eines Notes-Dokuments immer festgehalten wird und daher in derselben Umgebung direkt per E-Mail kontaktiert werden kann. Auf diese Weise kann durch direkte Kommunikation eine Externalisierung impliziter Wissensbestände ermöglicht werden.

4.1.5.3 Sicherheitsaspekte der Wissensdistribution

Ein bedeutender Aspekt der Wissensdistribution ist die Schutzwürdigkeit bestimmter Wissenselemente.[245] Gewisse Kernwissensbestände, die eine wettbewerbsrelevante Bedeutung haben, sollten von einer freien Verfügbarkeit ausgenommen werden. Dies spielt vor allem in Bezug auf die elektronische Verteilung eine große Rolle, da organisatorisches Wissen in Datenform normalerweise unauffälliger zu vervielfältigen und transportieren ist als in Papierform. Wie in Kapitel 4.1.4 angedeutet, ist dabei ein Mittelweg zu wählen, der die Wissensentwicklung nicht sinnlos einschränkt, Sicherheitsgefahren jedoch mindert.

Das Notes-Sicherheitskonzept bietet hierzu verschiedene Möglichkeiten.[246] Da die *Benutzerauthentifizierung* durchgängig in sämtlichen Notes-Komponenten, also auch beim Zugriff über Internet, Verwendung findet, können nicht registrierte, externe Benutzer nur auf ausdrücklichen Wunsch Zugriff auf bestimmte Wissensbestände erhalten. Des weiteren

---

[244] Vgl. Kapitel 2.2.5.1
[245] Vgl. Probst (1997), S. 231
[246] Vgl. auch Kapitel 3.3.6

können Zugriffsrechte nicht nur auf Datenbank-, sondern auch auf Dokument- oder gar Feldebene individuell definiert werden, so daß selbst in einer organisationsweit zugänglichen Wissensdatenbank bestimmte Dokumente oder manche Feldinhalte nur einem eingeschränkten Personenkreis zugänglich sind oder verändert werden können. Auf diesem Weg ist beispielsweise die Festlegung möglich, daß ein Feld, das die Zuordnung und Relevanz eines Dokuments in einem bestimmten Themengebiet definiert, nur von bestimmten Personen verändert werden darf, während inhaltliche Modifikationen oder Ergänzungen nur von anderen Organisationsgruppen vorgenommen werden können. Die konsistente Verwendung der Notes-Authentifizierungsmechanismen stellt zudem sicher, daß einerseits der Autor eines Wissensobjekts eindeutig feststellbar ist und andererseits Verschlüsselungsmechanismen verwendet werden können, die ein Abfangen sensitiver Wissensflüsse im Übertragungsweg verhindern.

4.1.6 Wissensnutzung

Der produktive Einsatz des im Knowledge-Management-System gespeicherten Wissens kann nur erfolgen, wenn dieses möglichst anwendungsnah, d.h. in der Umgebung der Handlung und Entscheidung, bereitgestellt wird. Ergonomische Faktoren, d.h. die benutzerfreundliche Darstellung und Verarbeitung des Wissens, sind dabei von zentraler Bedeutung. Nur wenn die in Tabelle 2-3 dargestellten Erfolgsfaktoren[247] Einfachheit, Zeitgerechtheit, Anschlußfähigkeit, Integration und Effizienz erfüllt sind, wird der Anwender die elektronische Wissensbasis in den Arbeitsalltag aktiv einbinden und die Wissensbestände nutzen.

In Notes sind die meisten dieser ergonomischen Grundsätze unter einer einheitlichen Oberfläche realisiert. Multimediale Objekte können in sämtliche Dokumente integriert und ohne Zuhilfenahme externer Anwendungen dargestellt werden. Dies gilt auch für Daten, die durch die vielfältigen Schnittstellen aus anderen Datenbanksystemen bezogen werden. Eine benutzerfreundliche Navigation ist in sämtlichen Wissensbeständen durch die Schaffung einer Hyperlink-Struktur möglich. Eine hohe Skalierbarkeit anhand des Client-

---

[247] Vgl. Kapitel 2.2.6

Server-Prinzips gewährleistet zudem die Erreichung akzeptabler Reaktionszeiten bei der Suche nach Wissensbeständen.

Doch nicht nur ergonomische Faktoren sind für die Nutzung eines Knowledge-Management-Systems von Bedeutung, sondern auch eine gelungene Einführungsphase ist entscheidend über Erfolg oder Mißerfolg. Das *Kaltstart-Problem*[248], daß zu Beginn Wissen nicht vorhanden ist, dem Anwender eine sinnvolle Nutzung daher nicht sinnvoll erscheint und die Wissensbasis dadurch letztendlich nicht wächst, kann ein umfassendes Knowledge-Management-Tool schon in der Einführungsphase scheitern lassen.[249] Das schnelle Erreichen erkennbarer Erfolge und das Aufzeigen der Nutzenpotentiale für die Anwender ist daher schon zu Beginn von großer Bedeutung. Es kann folglich sinnvoll sein, nur eine ‚60%-Lösung' einzuführen, die schon mit geringen Datenbeständen sinnvolle Wissensanwendungen ermöglicht, und dann im Sinne eines *Rapid-Prototyping*-Verfahrens die Reaktionen und Ideen aller Beteiligten beim systematischen Ausbau des Konzepts mit einzubeziehen.[250] Für eine solche Vorgehensweise ist Notes besonders geeignet. Durch die Einheit von Daten, Masken und Programmen in einer Datenbankdatei werden funktionale Verbesserungen bei der Datenreplikation, d.h. dem Abgleich der Datenbank zwischen Domino-Server und Notes-Client, automatisch mit übertragen.[251] Im graduellen Prototyping-Prozeß, der das Wissen der Anwender in die Weiterentwicklung des Systems einbindet und so dessen Nutzung fördert, entstehen somit keinerlei Installations- und Wartungskosten, da funktionale Verbesserungen ohne jegliche Intervention auf der Client-Seite automatisch zur Verfügung stehen.

4.1.7 Wissensbewahrung

Die Speicherung von Wissensbeständen ist ureigenste Eigenschaft eines Informationssystems wie Notes. Die große Herausforderung dabei besteht jedoch darin, nicht *sämtliche* greifbaren Wissensbestände elektronisch abzulegen, sondern die bewahrungswürdigen

---

[248] Vgl. Glance et al. (1998), S. 48
[249] Vgl. dazu die *Todesspirale einer elektronischen Wissensbasis* in Abbildung 2-7, S. 51
[250] Vgl. Bullinger et al. (1998a), S. 21
[251] Vgl. dazu Kapitel 3.3.8

Wissenselemente von den nicht bewahrungswürdigen zu trennen, um auch den zukünftigen, systematischen Zugriff auf zentrale Wissensdokumente sicherzustellen.[252] Es sind also
diejenigen Wissensbestände zur Speicherung auszuwählen, die zukünftig noch von Nutzen
sein können, da eine ansonsten schnell anwachsende Datenbasis nicht mehr zu bewältigen
wäre.[253] Dabei spielt die Möglichkeit der Aktualisierung des gesammelten Wissens eine
bedeutende Rolle, da sich die Relevanz des Wissens innerhalb weniger Jahre halbiert.[254] Im
Gegensatz zum menschlichen Gedächtnis, das bewahrungswürdiges Wissen anreichert und
irrelevantes verdrängt, müssen daher in Informationssystemen entsprechende Funktionen
des *Überprüfens, Aktualisierens* und *Entlernens* erst implementiert werden.

Da die inhaltliche Aufarbeitung und Relevanzbewertung nahezu ausnahmslos auf der
menschlichen Urteilskraft und dem individuellen Wissen des Einzelnen beruht, können Informationssysteme lediglich anhand der Datenbankaktivitäten messen, wie relevant einzelne Wissenselemente sind. Notes bietet hierzu verschiedene Protokollverfahren an, die
diese Aktivitäten festhalten. Anhand dieser Daten lassen sich mit Hilfe von Notes-Agenten
Funktionen implementieren, die Dokumente automatisch entfernen, auf die in einem bestimmten Zeitraum nicht mehr zugegriffen wurde oder aus denen keine Kommunikations-
aktivitäten hervorgingen. Die Relevanzmessung könnte beispielsweise anhand der er-
folgten Antworten auf Diskussionsbeiträge, anhand der Anzahl der Lesevorgänge oder
anhand der beim Lesen dieses Dokuments verfaßten E-Mails, Kommentare, Ergänzungen
oder Empfehlungsaktivitäten erfolgen. Weiterhin könnten Notes-Agenten nach Ablauf eines in einem versteckten Dokumentfeld abgelegten ‚Haltbarkeitsdatums‘ einem Autor entsprechende Dokumente wieder vorlegen, der anhand des Inhalts und der Zugriffsstatistik
über die weitere Relevanz entscheidet und den Inhalt gegebenenfalls überarbeitet, diese
Aktualisierung delegiert oder das Dokument löscht.

---

[252] Vgl. Bullinger et al. (1998a), S. 19
[253] Vgl. Kapitel 2.2.7
[254] Vgl. dazu die ‚Halbwertszeit des Wissens‘ in Abbildung 2-6, S. 50

4.1.8 Wissensbewertung

Die Wissensbewertung als Erfolgsmessung des Knowledge Managements gehört zu den schwierigsten Aufgaben, da herkömmliche Rentabilitätsrechnungen und Indikatoren nur schwer auf die Ressourcen Information und Wissen anzuwenden sind.[255] Der organisatorische Nutzen von einer erweiterten kollektiven Wissensbasis ist nur schwer zu bewerten. Die Effektivität des Knowledge Managements ist daher informationstechnisch kaum zu erfassen, sondern äußert sich meist in der schnelleren, effizienteren Entwicklung neuer Produkte oder Dienstleistungen, in der umfassenderen Nutzung von Patenten und Eigenentwicklungen oder in der schnelleren Verbreitung unternehmensinternen Wissens.

Zusätzlich ist Messung der Wirtschaftlichkeit von Groupware im allgemeinen schon deshalb als diffizil zu bezeichnen, da sich durch die Hierarchielosigkeit der Wissensverfügbarkeit neue Prozesse bilden.[256] Die in Tabelle 2-4 dargestellten Ansätze zur Bewertung von Wissenszielen[257] sind daher nur eingeschränkt von einem Groupware-System wie Notes zu unterstützen. Anhand der Aktivitäten im Knowledge-Management-System kann festgestellt werden, welchen Umfang der elektronische Wissensfluß und die Nutzung der gespeicherten Wissensbasis erreicht hat. Anhand der neu entstandenen Dokumente wie Erfahrungsberichte und der daraus resultierenden intraorganisatorischen Kommunikation kann festgestellt werden, in welchem Maß der Wissenstransfer zwischen Wissensträgern und Wissensnachfragern wächst. Notes-basierte Anwendungen zum computerunterstützten Lernen lassen zudem eine Messung zu, inwiefern Weiterbildungsmaßnahmen genutzt werden. Da jedoch wissenschaftliche Konzepte für Werkzeuge und Methoden zur Bilanzierung des Wissens bis heute fehlen, kann auch Notes nur die beschriebenen Basisinformationen zur Wissensbewertung liefern.

---

[255] Vgl.. Bullinger et al. (1998a), S. 20; Zahn (1998), S. 46; vgl. auch Kapitel 2.2.8
[256] Vgl. Wilmes (1995), S. 179ff.; Petrovic (1993), S. 152ff.; Koch/Kuppinger (1995), S. 358ff.
[257] Vgl. Kapitel 2.2.8

4.2 Notes-basierte Produkte für das Knowledge Management

Eine Eigenentwicklung eines umfassenden Knowledge-Management-Systems auf Notes-Basis durchzuführen, stellt ein Großunternehmen vor erhebliche technische und organisatorische Herausforderungen. Die Dimension eines solchen elektronischen Wissensnetzwerks erfordert eine genaue Planung, Entwicklungsdisziplin und auch ein fundiertes internes Knowledge-Management-Know-How, um entsprechende Applikationen von Null auf zu entwerfen, zu entwickeln und einzuführen. Meist existieren in Großunternehmen jedoch nicht die Ressourcen und die in einer entsprechenden DV-Abteilung konzentrierte Management-Expertise, um ein solches System zu konzipieren.

Es ist daher oftmals unumgänglich und empfehlenswert, auf Produkte und Anwendungen zurückzugreifen, die Dritthersteller auf Basis der Notes-Plattform mit langjähriger Erfahrung im Bereich des Knowledge Managements wie auch der Notes-Programmierung entworfen und entwickelt haben.

An dieser Stelle sollen nun drei Knowledge-Management-Werkzeuge vorgestellt werden, die die unterschiedlichen Anwendungsgebiete *Information Retrieval*, d.h. der effizienten Suche nach relevanten Informations- und Wissenselementen, *Knowledge Sharing*, d.h. der Wissensteilung im Teamkontext, und *Computer Based Training*, d.h. der computerunterstützten Weiterbildung, abdecken. Eine vollständige Aufstellung derartiger Applikationen kann aufgrund der Vielzahl an Entwicklungen im Rahmen dieser Arbeit nicht erfolgen. Vielmehr sollen die Erläuterungen einen Einblick geben, welche verschiedenartigen Knowledge-Management-Anwendungen auf Basis der Notes-Plattform realisierbar sind und welche Aspekte in die Konzeption eines ganzheitlichen Knowledge-Management-Systems einbezogen werden sollten.

4.2.1 Information Retrieval: ‚Knowledge Network'

Wir ertrinken in Informationen

und hungern nach Wissen.

John Naisbitt, *1929

Information-Retrieval-Funktionalitäten spielen wie in Kapitel 4.1.2.1 beschrieben eine bedeutende Rolle für die Identifikation bereits in elektronischer Form vorliegenden Wissens. Die Zusammenführung verschiedenster in einem Unternehmen vorhandenen Wissensbasen zu einem homogenen ‚Corporate Memory' stellt die heute verfügbare Informationstechnologie vor neue Herausforderungen, da in der Praxis die bereits vorhandenen Wissensbestände selten in *einem* Datenbanksystem, sondern meist in einer hochgradig heterogenen, über Jahre gewachsenen Systemlandschaft gespeichert sind. Die Notes-Volltextsuche greift mit ihrer Beschränkung auf Notes-Datenbanken und über Schnittstellen angebundene Datenbanksysteme aus Gründen der Geschwindigkeit und der funktionalen Anforderungen an die Suche in derart heterogenen Informationsbeständen daher mitunter zu kurz.

Mit der Verbreitung des World Wide Webs, das die unstrukturierte Informationsflut noch weiter vergrößerte, wurden ‚Suchmaschinen' entwickelt, die heute über Rechnergrenzen hinweg die Suche nach Informationsobjekten in unterschiedlichen Dateiformaten auf verschiedenen Hard- und Softwareplattformen ermöglichen. Diese Information-Retrieval-Produkte erweitern die reine Informationsbeschaffung um Komponenten der Wissensdarstellung durch einen einheitlichen Indexraum, d.h. die Verhüllung zugrundeliegender Datenbankstrukturen und technischer Gegebenheiten vor dem Endanwender, und die Wissensabfrage per ‚Information Exploration' durch die intuitive Navigation in den gefundenen Informationsobjekten.[258]

Ein Produkt, das eine gezielte Selektion, Indexierung und Darstellung des gesamten elektronischen Wissensbestandes ermöglicht und das in die Notes-Umgebung integriert werden kann, ist Fulcrums *Knowledge Network*. Im folgenden soll jedoch nicht der gesamte

---

[258] Vgl. Thiemann (1997), S. 5; vgl. auch Kapitel 4.1.2.2

Funktionsumfang dieses Retrieval-Produkts erklärt, sondern lediglich die für Knowledge-Management-Prozesse besonders relevanten Elemente herausgegriffen werden.

4.2.1.1 Beschreibung

Knowledge Network (KNet) bietet eine Umgebung, die Informationen aus verschiedenen Informationsquellen – beispielsweise Notes-Datenbanken, relationalen Datenbanksystemen oder dem Internet – sammelt, aufbereitet und auf die Weise präsentiert, daß der Benutzer diese möglichst ohne Kenntnis über die Quelldatenbanken in den individuellen Wissensentwicklungsprozeß einbeziehen kann.

Abbildung 4-1: Beispiel einer Knowledge Network Wissenskarte

Ein zentrales Element ist dabei die *Wissenskarte*. Diese bildet Informationsquellen und Organisationsstrukturen ab und ermöglicht die logische Zuordnung einzelner Informationselemente in eine hierarchische Struktur, die sich in die Kategorien *Informationsordner* (orientiert an den Wissensspeicherquellen, bspw. Notes, Web Sites oder Filesysteme), *gemeinsam genutzter Wissensordner* (orientiert an Organisationsbereichen) und *persönlicher Wissensordner* (benutzerdefinierte Verantwortungsbereiche) unterteilt.

Die einzelnen Informationselemente werden anhand dieser Wissenskarte vom *Search Server* indiziert und in die einzelnen Kategorien und Subkategorien eingeordnet. Bei dieser Klassifizierung – wie auch bei der Relevanzbewertung bei Suchprozessen – finden Technologien wie die linguistische Reduktion und die semantischen Netzwerke Verwendung.[259] Eine weitere Anpassung dieser Einordnung kann dann durch ‚Wissensbroker' vorgenommen werden.[260]

Die Versorgung des Benutzers mit relevantem Wissen kann nach dem Pull- oder Push-Prinzip erfolgen. Ersteres wird durch eine leistungsfähige Such-Oberfläche erreicht, die in einem Suchvorgang mehrere unterschiedliche Informationsquellen untersucht, sämliche Ergebnisse anhand einer thematischen Relevanzbewertung sortiert und in einer einheitlichen Liste aufführt. Eine automatisch erstellte Dokumentzusammenfassung ist zu jedem Dokument einsehbar, ohne daß das Zieldokument dazu abgerufen und geöffnet werden muß. Zudem ist eine Suche nach Eigenschaften und Profilen ähnlicher Dokumente möglich.

Demgegenüber können Agenten nach dem Push-Prinzip dazu verwendet werden, dem Benutzer in regelmäßigen Abständen per E-Mail neue oder überarbeitete Elemente in thematischen Wissensgebieten, die er in der Wissenskarte markiert hat, zu übermitteln. Wahlweise kann dabei auch eine Dokumentzusammenfassung angehängt werden.

Ein große Stärke von KNet ist die einheitliche Darstellung sämtlicher Dokumentformate ohne Zuhilfenahme der ursprünglichen Anwendungsprogramme. Während Notes fremde Dokumentformate entweder als OLE-Objekte darstellt, soweit die entsprechende Quellanwendung installiert ist, oder Dateianhänge in einem speziellen Anzeigemodul darstellt, ist KNet in der Lage, mehr als 150 verschiedene Datei- und Dokumentformate dynamisch in HTML zu konvertieren, um sie in einem Standardbrowser darstellen zu können. Auch wenn durch diese Umwandlung gewisse Darstellungsverluste auftreten, wird eine konsistente Wiedergabe der Dokumente unabhängig von ihrer Herkunft erreicht. Dies erleichtert auch die Verarbeitung externen Wissens, das mit in der eigenen Organisation nicht vorhandenen Applikationen erstellt wurde.

---

[259] Lt. Produktdatenblättern der Fulcrum Europe
[260] Vgl. Bair (1997), S. 1

4.2.1.2 Bewertung

KNet ist ein wirkungsvolles Werkzeug für das Knowledge Management, um Wissensbe-standteile in einer sehr heterogenen Informations- und Kommunikationsstruktur oder bei sehr hohen Dokumentmengen zu identifizieren und nutzbar zu machen. Es greift dabei – unter anderen – auf sämtliche in Notes gespeicherte Datenbestände zu. Die Möglichkeiten, Zusammenfassungen von Dokumenten ohne verzögernde Zugriffe auf die Quell-datenbanken zu beziehen und sämtliche Dateiformate in einem einheitlichen Format darzu-stellen, stellen interessante Ansätze dar. Es werden jedoch auch die Beschränkungen reiner Retrieval-Lösungen in Bezug auf Knowledge Management deutlich. Die Weiterentwick-lung des identifizierten Wissens kann lediglich auf Basis von E-Mail-Kommunikation zwi-schen Dokumentautor und Leser erfolgen, und inwiefern daher der ‚Information overload‘ wirklich dauerhaft und wirkungsvoll verhindert werden kann, ist in Anbetracht der Tatsa-che, daß außer E-Mail kaum Notes-Groupware-Funktionalitäten genutzt werden, fraglich.

4.2.2 Wissens(ver)teilung: ‚grapeVINE‘

4.2.2.1 Beschreibung

Das australische Unternehmen GrapeVINE Technologies war eines der ersten, das mit *grapeVINE* eine speziell auf Knowledge-Management-Aufgaben ausgerichtete, *ganzheitli-che* Anwendung entwickelte, die auf einem vorhandenen Notes-System aufsetzt. Dabei wurden Wissensidentifikation, Wissens(ver)teilung, Wissensnutzung, Wissensentwicklung und Wissensbewahrung zu einer sinnvollen Einheit verbunden, externe wie interne Wis-sensquellen in ein einheitliches System integriert und Expertenmeinungen zur Klassifikati-on einbezogen.[261] Folgende Schwerpunkte bildeten dabei den Rahmen für die Entwicklung des grapeVINE-Systems:[262]

---

[261] Vgl. Probst (1997), S. 251

[262] Vgl. Brookes (1996), URL

KM-Schwerpunkt	Beschreibung
Informationszugriff und Informationsteilung	Bereitstellung von Werkzeugen zur effizienten • nachfrageinduzierten Wissensidentifikation (Retrieval), d.h. Bereitstellung ausgebauter Filterungmöglichkeiten • angebotsinduzierten Wissensdistribution (Alerting), d.h. individuelle Zustellung von Hinweisen auf neue, relevante Wissensbestandteile und Informationen aus externen und internen Quellen
Wissensmultiplikation (Expertise leveraging)	• Unterstützung dynamischer Teambildung • Integration von Methoden und Werkzeugen für die Relevanzbewertung von Information und Wissenselementen • Einbindung sämtlicher Mitarbeiter in den Klassifikationsprozeß von Dokumenten durch ‚Eskalationsfähigkeiten‘ (Funktionalitäten, mit derer andere Organisationsmitglieder auf wichtige Wissenselemente aufmerksam gemacht werden können) • Schaffung von Zugriffsmöglichkeiten auf dem jeweiligen Anwender unbekannte Experten
Steuerung der ‚Informationsverschmutzung‘ (Information pollution)	• Verringerung der ‚E-Mail-Flut‘ durch Ablösung von statischen E-Mail-Verteilerlisten und individueller E-Mail-Weiterleitung durch ‚Retrieval‘- und ‚Alerting‘-Funktionen • Verringerung des Suchergebnisumfangs durch Signifikanz/Relevanzbewertung anhand von individuellen Interessenprofilen

Tabelle 4-1: Schwerpunkte der Knowledge-Management-Unterstützung durch grapeVINE

Quelle: In Anlehnung an Brookes (1996), URL

Die zentrale Komponente des grapeVINE-Systems stellt dabei die ‚Knowledge Chart‘ (Wissenskarte) dar, ein graphisch dargestelltes, hierarchisches Beziehungsmodell der in grapeVINE verwendeten Begriffe, das eine Navigation von Wissensbereichen zu enger gefaßten Teilbereichen erlaubt und die relevante Wissensbasis der Organisation klassifiziert.[263] Diese Wissenskarte ist bei der Einführung des Systems auf Basis der organisatorischen Wissensstruktur zu erstellen und bei organisatorischen Veränderungen ständig zu aktualisieren, denn sie dient als zentrale Basis für die Klassifikation und Verteilung des gespeicherten Wissens. Soweit grapeVINE in einer multikulturellen Organisation eingesetzt wird, ist die Verwendung mehrerer Knowledge Charts zur unterschiedlichen Dokumentklassifikation sinnvoll und möglich. Da die Erstellung einer solchen Karte jedoch einen nicht unerheblichen Analyseaufwand erfordert und daher der genauen Untersuchung des organisatorischen Wissensbestands und der Wissensziele bedarf, sind Nutzen und Aufwand einer mehrfachen Erfassung gegeneinander abzuwägen.[264]

Anhand der Knowledge Chart werden sämtliche vom Administrator als Wissensressource definierten Wissens- und Informationsbestände in der sogenannten ‚Eureka-Datenbank‘ indexiert. ‚Eureka‘ stellt die Kerndatenbank sämtlicher mit grapeVINE verfügbarer Informationsressourcen dar und enthält somit einen Metaindex aller systemweit verfügbaren Informationsbestände, die in verschiedensten Formaten vorliegen können, bspw. als HTML- oder Notes-Dokument, aber auch in proprietären Dateiformaten von Präsentationsprogrammen oder Textverarbeitungen. Dieser Index wird automatisch durch ständige Abfrage der Informationsressourcen, also der darunterliegenden Datenbanken, aktualisiert. In dieser Datenbank kann der Benutzer mit den Notes-Standard-Suchmethoden sämtliche Wissensbestände ausfindig machen. Im Gegensatz zur datenbankübergreifenden Notes-Volltextsuche, bei der sämtliche auf eine Suchanfrage hin gefundenen Dokumente lediglich nach Kriterien wie Autor, Betreff oder Erstellungsdatum sortiert dargestellt werden, ermöglicht die Eureka-Datenbank somit auch die Suchergebnisdarstellung nach Relevanzkriterien wie bspw. einem Themengebiet der Knowledge Chart.

Meist ist eine benutzerinitiierte Suche in der Eureka-Datenbank nicht mehr nötig, wenn der Benutzer in der Knowledge Chart die ihn interessierenden Themengebiete selektiert und mit persönlichen Relevanzniveaus klassifiziert hat.[265] Das dadurch erstellte Interessensprofil verwendet grapeVINE dazu, dem Anwender nach dem ‚Push‘-Prinzip Ver-

---

[263] Vgl. Davenport/Prusak (1998), S. 132; Probst (1997), S. 250
[264] Vgl. Infoworld (1997), URL
[265] Vgl. Probst (1997), S. 250

knüpfungen zu individuell interessanten Dokumenten in nach Stichworten und persönlicher Relevanz sortierter Form per Notes-E-Mail zuzustellen. Über diese Verknüpfung kann der Benutzer das betreffende Dokument dann lesen, allgemein verfügbare Bemerkungen und Ergänzungen hinzufügen oder das Relevanzniveau verändern, um andere interessierte Mitarbeiter darauf aufmerksam zu machen. Des weiteren kann er den automatisch zugestellten Dokumentverknüpfungen – wie auch der Knowledge Chart – entnehmen, welche anderen Organisationsmitglieder sich als Interessent des jeweiligen Themas eingetragen haben. Auf diese Weise ist Kontaktaufnahme mit bis dahin unbekannten Mitarbeitern und Experten eines verwandten Fach- oder Interessengebiets durch wenige Schritte erreichbar.[266]

Die von grapeVINE vorgenommene Relevanzgewichtung von Dokumenten basiert einerseits auf den im individuellen Interessensprofil vorhandenen Angaben sowie den im Suchprozeß angegebenen Suchkriterien, und andererseits auf einer vom Autor oder Leser des Dokuments zu vergebenden Klassifikation, die die Bedeutung des Inhalts für die Organisation oder das Themengebiet definiert. grapeVINE unterscheidet dabei zwischen den Signifikanzniveaus *routine, significant, action* und *critical.*

Signifikanzniveau	Bedeutung der so klassifizierten Dokumente
Routine	Externe Nachrichten, interne Neuigkeiten („Newsfeeds‘), automatisch aus Datenbanken generierte Informationen sowie vom jeweiligen Autor als organisatorische oder operative Routine klassifizierte Dokumente
Significant	Als außergewöhnlich oder besonders interessant empfundene Informationen
Action	Informationen, die aufgrund ihrer hohen Bedeutung eine Reaktion von Experten erfordern
Critical	Sehr bedeutende Nachrichten, die die Aufmerksamkeit des Managements erfordern und rechtfertigen

Tabelle 4-2: Signifikanzniveaus von grapeVINE-Dokumenten

Quelle: Brookes (1996), URL

---

[266] Vgl. Infoworld (1997), URL

Da in der Regel eine Mehrheit der Benutzer an den bedeutenderen Elementen interessiert ist, kann der Leserkreis anhand der individuellen Signifikanzzuweisung gesteuert werden. Verleiht also ein Benutzer einem Dokument ein hohes Signifikanzniveau, wird der Leserkreis, d.h. die Anzahl der zugestellten Verknüpfungen und damit der Wahrnehmungsgrad des Wissenselements, steigen. Da eine solche Klassifikationstätigkeit jedoch stark von der subjektiven Auffassung der Relevanz und auch vom Fach- und Hintergrundwissen des Einzelnen abhängt, sollte für ein einheitliches Verständnis der Signifikanzstufen gesorgt werden. Nur so ist zu erreichen, daß die Vergabe einer hohen Priorität nur sparsam verwendet wird und so ein ‚Information Overload' vermieden werden kann.[267]

Um die Effektivität des durch grapeVINE unterstützten Knowledge Managements zu messen, wird der Umfang von Aktivitäten im System, beispielsweise der Dokumentenfluß und die Anzahl erfolgter Kommentierungen und Klassifikationsänderungen, für die jeweiligen Wissensgebiete der Knowledge Chart festgehalten.[268] Es läßt sich dadurch beispielsweise anhand des Verhältnissen zwischen als ‚routine' und ‚action/critical' bewerteten Dokumenten aufzeigen, wie effektiv bedeutendes Wissen erkannt und verteilt, aber auch unbedeutendes aussortiert wird. So ermöglicht grapeVINE auch die automatische Löschung nicht nachgefragter Dokumente und implementiert so einen ‚Reinigungsprozeß'.[269]

4.2.2.2 Bewertung

Insgesamt stellt grapeVINE ein effektives Knowledge-Management-Werkzeug zur Identifikation, Klassifikation und Distribution elektronisch verteilbarer, expliziter Wissensbestände einer Organisation dar, das als ‚hybrides System' die Erfahrungen, Kenntnisse und Fähigkeiten von Experten mit den informationsverarbeitenden und kommunikativen Elementen der Notes-Plattform vereint. Gegenüber den reinen Retrieval-Werkzeugen liegt die besondere Stärke darin, die Nutzer und Leser der Dokumente in den Klassifikations- und Distributionsprozeß transparent mit einzubeziehen und die unmittelbare Kommentierung und Weiterentwicklung der Elemente der Wissensbasis zu ermöglichen. Auf diesem Weg

---

[267] Vgl. Brookes (1996), URL
[268] Vgl. Brookes (1996), URL
[269] Vgl. Infoworld (1997), URL

ist gewährleistet, daß nicht letztendlich doch bei Identifikation eines subjektiv interessanten Wissenselements eine Flut von E-Mails an andere potentielle Interessenten desselben Fachgebiets entsteht. Es ist ein wirksames Hilfsmittel gegen den Groupware-typischen ‚Information overload' und ermöglicht den effektiven und effizienten Umgang mit neuen und bestehenden Wissensressourcen.

4.2.3 Distributed Collaborative Learning/Computer Based Training: ‚LearningSpace'

> *Tell me and I'll forget,*
> *show me and I'll remember,*
> *involve me and I'll understand.*
>
> *Amerikanisches Sprichwort*

Neben der Schaffung einer wissensfördernden Unternehmenskultur und der Schaffung von Kommunikationsinfrastrukturen ist die strategische Qualifikations- und Personalentwicklung ein wichtiger Aspekt des betrieblichen Knowledge Managements. Das Vertiefen und Entwickeln von Wissen und Fähigkeiten, also das Lehren und Lernen im Rahmen der betrieblichen Aus- und Weiterbildung, wurde im Zuge der Entwicklung von interaktiver Informations- und Kommunikationstechnologie von neuen Wegen der computerunterstützten Weiterbildung begleitet.[270] Während unter dem Begriff *Computer-Based-Training-Anwendungen* (CBT) vor einiger Zeit noch isolierte Anwendungen verstanden wurden, die einzelne Anwender relativ isoliert in einem bestimmten Fachgebiet schulen sollten, sind diese auf Groupware wie Notes basierenden Anwendungen heute effektive Werkzeuge zur Unterstützung interaktiver Weiterbildungsprozesse von *Teams*. In dem Zusammenhang wird auch von *Distributed Collaborative Learning* gesprochen, das sich als „technology-enabled, learning-team focused education, facilitated by a context expert, and delivered anytime and anywhere" definiert.[271] Schon heute wird diese Form des com-

---

[270] Vgl. Möhrle (1996), S. 2
[271] Vgl. Lotus (1996), URL

puterunterstützten Lernens in der betrieblichen Praxis eingesetzt und als Form des Knowledge Managements verstanden.[272]

Die heutigen Anforderungen an die betriebliche Aus- und Weiterbildung sind mit den klassischen Weiterbildungskonzepten nicht mehr zu bewältigen, da der ständige Wandel wie auch die wachsenden Anforderungen an den individuellen Wissens- und Qualifikationsstand eine höhere Praxisnähe und eine stärkere Interaktion des Lernenden erfordern.[273] Der Einsatz von CBT-Anwendungen hat daher mehrere in folgender Tabelle 4-3 dargestellte Vorteile:

---

[272] Vgl. Möhrle (1996), S. 240

[273] Vgl. Oelze (1997a), S. 60

Vorteile...	...gegenüber herkömmlichen Weiterbildungsmethoden
Zeitliche und räumliche Flexibilität	• Unabhängigkeit von Terminen und Veranstaltungsorten für Seminare ermöglicht die Teilnahme selbst zeitlich unflexibler Mitarbeiter.
	• Modulare Konzepte ermöglichen die zeit- und umfangsgerechte Auswahl gewünschter Lerneinheiten durch den Lernenden. („Lernen auf Abruf')
Interaktivität und Effektivität	• Durch interaktive Prozesse individuell erarbeitetes Wissen wird stärker vernetzt und gespeichert.
	• Diskussionen der Teilnehmer in Foren fördern den Wissensaustausch.
Aktualität	• CBT-Datenbanken lassen sich jederzeit korrigieren, modifizieren und ergänzen.
Praxisnähe	• Ausrichtung der Lernmodule an konkreten betrieblichen Prozessen und individuelle Betreuung durch einen innerbetrieblichen Online-Trainer ermöglicht den häufig vernachlässigten Praxistransfer.
Kosteneinsparung	• Einsparung von Reisekosten, Ausfallzeiten und externen Trainern, insbesondere auch bei hoher Anzahl von Lernenden.
	• Berechnung nur von den beanspruchten Lerneinheiten und nicht des gesamten Kurses.

Tabelle 4-3: Vorteile computerunterstützten Lernens mittels CBT-Werkzeugen

Quelle: In Anlehnung an Möhrle (1996), S. 9; Oelze (1997a), S. 60; Wilmes (1997), S. 36

4.2.3.1 Beschreibung

Lotus bietet mit ‚LearningSpace' ein solches teambasiertes CBT-Produkt auf Notes-Basis an, das „das Wissen verschiedener Medien (z.B. Lexika, CD-Rom usw.) in einem didaktisch aufbereiteten Kompendium elektronisch zusammenführt."[274] Bei der Entwicklung stand dabei der Lernende im Vordergrund, da dieser über den Zeitpunkt, die Lehrinhalte, die Lerneinheiten und den Lernumfang entscheiden sowie individuell oder in der virtuellen Gruppe lernen kann.[275]

---

[274] Vgl. Oelze (1997b), S. 36
[275] Vgl. Lotus (1996), URL

Gegenüber proprietären und isolierten CBT-Anwendungen wurden dabei verschiedene Vorteile der Notes-Plattform in LearningSpace verwendet:

- Multimediale Objekte wie Video, Grafiken, Audio und Textdokumente werden medienbruchfrei verarbeitet und dargestellt.
- Feedback-Möglichkeiten sind in Form der Notes-Messagingkomponenten in den gesamten Lernprozeß integriert.
- Während heute nahezu alle anderen CBT-Produkte nur auf Windows-Plattformen lauffähig sind[276], können LearningSpace-Anwendungen in völlig heterogenen Netzwerken über Notes-Client oder auch Web-Browser verwendet werden.
- Die Notes-Oberfläche, die LearningSpace verwendet, ist meist schon vertraut und erfordert daher keine Einarbeitung.
- Durch die Verwendung der Standardplattform ist keine Beeinträchtigung der Computerarbeitsplätze zu erwarten und keine individuelle Installation einer separaten Trainingssoftware nötig[277], da die LearningSpace-Anwendungen wie Standard-Notes-Datenbanken auf den Notes-Desktop repliziert werden.
- Ausgereiftes und erprobtes Notes-Billing-Konzept zur internen oder externen nutzungsabhängigen Verrechnung der in Anspruch genommenen Lerneinheiten.[278]

Auf konzeptioneller Ebene besteht LearningSpace aus sechs Notes-Datenbanken, die verschiedene Zugangsmöglichkeiten zu den Lerneinheiten eröffnen. Die *Schedule*-Datenbank ist dabei der zentrale Einstiegspunkt, der eine Übersicht über die jeweilige Struktur, Materialien, Übungen, Zeitrahmen und Termine des Kurses gibt und als Navigator für die modular gegliederten Lerneinheiten fungiert.

Diese Trainingseinheiten sind im *Media-Center* gespeichert und enthalten neben den eigentlichen Kursen auch Verweise auf externe Informationsquellen wie bspw. dem Internet.

---

[276] Vgl. Mattheis (1997), S. 58

[277] Dies stellt bei proprietären, isolierten CBT-Anwendungen oftmals ein Problem und einen bedeutenden Kostenfaktor dar, vgl. Mattheis (1997), S. 59.

[278] Vgl. Beschreibung des Notes-Billingkonzepts in Kapitel 3.3.7

Über die Notes-Volltextsuche kann der Anwender sämtliche Module nach Stichworten durchsuchen und so gewünschte Trainingseinheiten identifizieren.

Der *Course Room* ist die elektronische Abbildung des Seminarraums, in dem alle Teilnehmer und Trainer miteinander interagieren, Informationen austauschen sowie gemeinsam Aufgaben lösen und Prüfungen ablegen. Es werden öffentliche wie auch private Kommunikationsforen zwischen Teilnehmern sowie zwischen Teilnehmer und Trainer ermöglicht. Neben dieser asynchronen Kommunikation existieren auch Schnittstellen für die synchrone Kommunikation, beispielsweise für Video-Konferenzen.

In der *Profiles*-Datenbank können Teilnehmer und Trainer auf Wunsch Informationen über die eigene Qualifikation ablegen, beispielsweise über Vorbildung, Erfahrungen oder Interessen. Dies kann die Intensität des fachlichen Austauschs erhöhen und die Identifikation anderer Wissensträger im Lernprozeß ermöglichen.

Die *Assessment-Manager*-Datenbank stellt ein Instrument für den Trainer dar, der darin Tests entwickeln, auswerten und ablegen kann, die als Abschlußprüfung oder zur freiwilligen Selbstkontrolle der Teilnehmer dienen. Diese Tests werden vom Teilnehmer im Course Room abgelegt und per E-Mail in den Assessment-Manager gesandt, wo dieser persönliches Feedback direkt erstellen kann.

Als letzte Datenbank dient die *Konfigurations*-Datenbank dem Kursmanager bei der Verwaltung von Zugriffsrechten der Teilnehmer und Trainer.

4.2.3.2 Bewertung

CBT-Software ist mit LearningSpace zu einer *interaktiven* organisatorischen Lernumgebung für *Teams* herangewachsen. Das Produkt bietet verschiedene wirkungsvolle Ansätze zur Realisierung eines computerunterstützten Lehrens und Lernens. Es kann, insbesondere wenn schon eine Notes-Infrastruktur im Unternehmen existiert, eine sinnvolle und effektive zusätzliche Option des organisatorischen Lernens darstellen. „Eigeninitiative, interdisziplinäre Inhalte, Methoden- statt Fachwissen usw. sind Eckpunkte einer Mitarbeiterkompetenz, für die LearningSpace eine geeignete Grundlage darstellen kann. Der Zusammenhang zwischen den organisatorischen Lernbedingungen, der individuellen

Lernmotivation und der Unterstützung des Lernprozesses durch ein interaktives Lernme-
dium kann nicht oft genug betont werden."[279] LearningSpace ist somit ein wirksames
Mittel zur Realisierung, Steuerung und Kostenkontrolle der betrieblichen Aus- und Weiterbildung, d.h. der gelenkten Weiterentwicklung individuellen und kollektiven Wissens.

---

[279] Wilmes (1997), S. 38

5 FALLSTUDIE: ANDERSEN CONSULTINGS ‚KNOWLEDGE XCHANGE'

5.1 Problemstellung

> *„Knowledge capital is our most valuable asset and it*
> *drives our organisation. It's what we sell, and what*
> *we must continue to protect and perfect. Our people*
> *should diligently find new ways to share and reuse*
> *information and deploy it around the world."*
>
> *George T. Shaheen*
> *Andersen Consulting*

Die Beratungsbranche gilt als eine der wissensintensivsten Branchen überhaupt, da deren Wertschöpfung in einem hohen Maß daraus besteht, durch die Anwendung des eigenen kollektives Wissens für Probleme und Chancen ihrer Kunden verschiedenartigster Branchen Lösungen anzubieten.[280] Ein Großteil der wettbewerbsrelevanten Aktiva eines Beratungsunternehmens besteht dabei aus dem Wissen, den Erfahrungspotentialen und den Fähigkeiten seiner Mitarbeiter.[281]

Die zunehmende Konkurrenzsituation in diesem Sektor, der Bedarf für eine hohe Reaktionsfähigkeit und -geschwindigkeit sowie der Anspruch, ein möglichst umfassendes Wissensgebiet verschiedenster Branchen in Produktion und Dienstleistung abzudecken, schuf schon früh das Bewußtsein für ein effektives Management der eigenen Wissensbasis. „Unternehmensberatungen, die im weltweit intensiv umkämpften Markt für Beratungsleistungen dauerhaft erfolgreich sein wollen, sind in hohem Maße darauf angewiesen, die

---

[280] Vgl. Ryan (1995), S. 481
[281] Vgl. Baubin et al. (1996), S. 135

kritische Ressource ‚Knowledge and Organizational Learning' möglichst optimal zu managen."[282]

Im Zuge dieser Entwicklungen stand auch das Beratungsunternehmen Andersen Consulting vor dem Problem, die Entwicklung der Wissensbasis ihrer in 47 Ländern verteilten Berater teilweise parallel an thematisch gleichartigen Projekten durchzuführen. Der eigene Anspruch, als *global operierende Organisation* auftreten zu können und so länderübergreifende Beratungsleistungen für multinationale Unternehmen zu bieten, erforderte somit die Schaffung eines integrierten Profils, das ein effizientes und effektives globales Knowledge Management voraussetzt.[283]

Zudem stellte sich die Erkenntnis ein, daß flexible Teams mit heterogenen Wissensbeständen generell die Bedeutung des Individuums bei der Lösungsfindung ablösten, da sich komplexe innovative Beratungslösungen nur durch die Zusammenfassung mehrerer Wissensträger verschiedener Teilbereiche ermöglichen ließen. Der Wissensaustausch und die Wissensmultiplikation unter den im Jahr 1990 rund 30.000 Mitarbeitern war jedoch mit herkömmlichen Methoden wie Schulungen, Konferenzen und der Telefonkommunikation aufgrund der Kosten und des individuellen Zeitaufwandes nur ungenügend zu realisieren.

Somit schuf Andersen Consulting die Vision, sich in ein virtuelles Unternehmen zu wandeln – einer weltweiten ‚Electronic community', die zeitliche, räumliche und organisatorische Grenzen überwindet.[284] Dazu mußten die über 30.000 Mitarbeiter in einem virtuellen Gebäude kommunizieren und interagieren können, ohne physisch anwesend zu sein. Neben einer strategischen Transformation des Unternehmens mußte dazu auf operativer Ebene ein Knowledge-Management-System entworfen werden, das die Nutzung des intellektuellen Kapitals auf Basis vorhandener Informations- und Kommunikationstechnologie ermöglichte.

Als Basis dafür boten sich die rasant entwickelnden Groupware-Technologien an, die zur Unterstützung von Gruppenprozessen in der Wirtschaft schnell weite Verbreitung gefun-

---

[282] Baubin et al. (1996), S. 135
[283] Vgl. ebenda, S. 133
[284] Vgl. ebenda, S. 137

den hatten. Die Betrachtung der Gruppeninteraktion war dabei jedoch oft sehr technikzentriert und griff aufgrund der Komplexität des Wissensaustauschs zwischen Gruppenmitgliedern, beispielsweise in Bezug auf Wissensteilungsbarrieren und der Wahrnehmungsproblematik bei hohen Informationsmengen, zu kurz.

Die Erkenntnis, daß die Definition von klaren Zielen und die Selbstverpflichtung eines *Teams* zur Erreichung seiner Ziele essentiell für einen erfolgreichen Wissensaustausch in der Gruppe und zwischen den Gruppen sind, führte bei Andersen Consulting dazu, statt 'Groupware' den Begriff *Teamware* zu prägen.[285] Gemäß der Redewendung „Groups grope, teams deliver" sollten also die *Bedürfnisse* eines Teams und die *Interaktion* einzelner Teammitglieder den Ausgangspunkt für den Entwurf eines Knowledge-Management-Systems darstellen, anstatt von der technischen Funktionalität einer bestimmten Informations- und Kommunikationstechnologie wie Groupware auszugehen.

Im Vordergrund der Evaluierung von Technologien standen Überlegungen, wie folgende fünf Ansatzpunkte der ‚Teammetapher', d.h. die Komponenten der Teaminteraktion, unterstützt werden können:[286]

---

[285] Vgl. Ryan (1995), S. 477ff.
[286] Vgl. ebenda, S. 483ff.

Komponente	Beschreibung
Kommunikation	Kommunikation zwischen einzelnen Mitgliedern der Organisation, bspw. durch E-Mail, Diskussionsforen.
Informationsaustausch	Funktionalität zur Verwaltung und gemeinsamen Verwendung großer Mengen unstrukturierter und strukturierter Information aus internen und externen Quellen, um Wissen zur richtigen Zeit am richtigen Ort bereitzustellen.
Prozeßmanagement	Unterstützung definierter Geschäftsprozesse zur Erreichung von Qualitätszielen innerhalb zeitlicher und budgetbestimmter Grenzen. Im Teamkontext verbunden mit Workflow, Zeit- und Budgetmanagement, Messung der Verpflichtungserfüllung.
Zusammenarbeit	Unterteilung und Verteilung einzelner Aufgaben eines gemeinsamen Projekts an die Teammitglieder sowie Zusammenführung der Ergebnisse zu einem einzelnen Produkt oder einer Dienstleistung, d.h. Unterstützung undefinierter Prozesse.
Tagungen	Unterstützung der Entscheidungsfindung bei Tagungen und Besprechungen durch ‚Decision support systems'.

Tabelle 5-1: Komponenten der Teammetapher

Quelle: Ryan (1995), S. 483

Das Ziel, ein integriertes Kommunikations- und Kooperationssystem der Interaktion von Teams zu schaffen und Informationen und Wissen zur richtigen Zeit am richtigen Ort zur Verfügung zu stellen, stellte insbesondere bei Andersen Consulting eine besondere Herausforderung dar, da sich einzelne Projektteams teilweise aus mehreren auf drei Kontinenten und in verschiedenen Zeitzonen verteilten Beratern unterschiedlicher Kultur zusammensetzen. Zudem sollte das ‚Informations-Paradoxon', das dem Überfluß an Informationen den nicht stillbaren Hunger nach verwertbarem Wissen gegenüberstellt, überwunden werden.

5.2   Das ‚Knowledge Xchange' Knowledge Management System

Diese Erkenntnisse führten bei Andersen Consulting im Jahr 1992 zur Entwicklung des Knowledge-Management-Systems *Knowledge Xchange*, das den Mitarbeitern ermöglichen sollte, jederzeit auf eine von allen geteilte Wissensbasis, also weltweite Erfahrungen in verschiedenen Kompetenzfeldern, zugreifen zu können und ihr individuelles Wissen der ganzen Organisation multiplikativ zur Verfügung zu stellen. Die Hauptaufgabe wurde dabei in einem Mission Statement folgendermaßen formuliert:

> *„To provide an architecture, standards, and tools for the exchange of our knowledge capital where and when it is needed, fostering the growth of our practice and quality of our service."* [287]

Die Anforderung, den Arbeits-, Dokumenten- und Wissensfluß zwischen Teams und Teammitgliedern zu unterstützen, erforderte die Bildung neuer Paradigmen und Methoden bezüglich des Geschäftsprozeßmanagements. Aus diesem Grund stellte bei der Auswahl der Plattform neben Kommunikations- und Kooperationskomponenten auch Workflow-Funktionalität zur Unterstützung des Prozeßmanagements einen entscheidenden Faktor dar.[288] Die Wahl fiel dabei auf die Plattform Notes, da im Vergleich mit anderen verfügbaren Groupware-Plattformen die Notes-Basisfunktionalität das umfassendste Potential für die Anforderungen des Unternehmens bot. Zudem ermöglichten die Replikationsfähigkeiten die vollständige Offline-Nutzung der Wissensbestände, die im Consultingbereich durch die erforderliche Mobilität der Berater von großer Bedeutung war und ist.

5.2.1   Erste Systemgeneration

Die erste Generation des ‚Knowledge Xchange Systems' (KX) diente als für alle Berater offene Sammelstelle jeglicher Information. Bald nach der Einführung führte dies zu Komplikationen in der Wissensidentifikation und -verwendung, da innerhalb kurzer Zeit ein

---

[287] Baubin et al. (1996), S. 137
[288] Vgl. Ryan (1995), S. 486

beträchtliches, unkoordiniertes und unstrukturiertes Datenvolumen teilweise redundanter Information entstanden war, das eine gezielte Abfrage relevanter Information nahezu unmöglich machte.[289] Es hatte sich mehr zu einem ‚Schwarzen Brett' zum Austausch von Informationen denn zu einem Lern- und Wissensentwicklungsforum entwickelt. Zudem fehlte eine zentrale Koordination, woraus mehrere parallele und untereinander nicht kompatible Knowledge-Management-Initiativen mit sich thematisch überschneidenden Wissensdatenbanken resultierten. Die hohe Anzahl von Aktivitäten in den Datenbeständen verdeutlichte jedoch den hohen Bedarf für ein solches System und erforderte eine Analyse der Problematik als Basis für die Weiterentwicklung.

Ein zu starker technischer Fokus hatte zu einer Vernachlässigung wichtiger strategischer Elemente geführt. Es wurde angenommen, daß die simple Bereitstellung eines Notes-Systems und entsprechender technischer Schulung ohne weiteres zu Verhaltensänderungen zugunsten einer ‚lernenden Organisation' führen würden. Es wurde dabei übersehen, daß organisatorische Rahmenbedingungen eine enorme Rolle spielen. Im Einzelnen waren die Schwierigkeiten mit KX in folgenden Aspekten begründet:

- *Der Alltag des Beratungsgeschäfts:* Dieser besteht zu einem großen Teil in der Routineanwendung allgemeinen Wissens Dritter auf die Probleme von Klienten. Somit werden wirklich kreative und innovative Wissensprozesse nur von einem kleinen Teil der Berater in hochinnovativen Projekten angestoßen. Es hatte sich herausgestellt, daß der Großteil der Berater das KX-System aufgrund des Projektdrucks nur dazu verwenden würde, einerseits Erfahrungen früherer Projekte abzurufen oder andererseits Experten für eine sehr spezifische Fragestellung ausfindig zu machen.

- *Regionalität durch die Teammetapher:* Ein zentraler Punkt des Beratungsgeschäfts ist die enge Zusammenarbeit in Projektteams, deren Einsatz an meist einem Ort zur Bildung informeller Netzwerke führte, so daß aufgrund der persönlichen Kommunikation kein Bedarf für eine Nutzung eines Systems wie KX im Alltagsgeschäft entstand. Ein produktiver Wissensaustausch fand somit auf globaler Ebene nur eingeschränkt statt.

---

[289] Vgl. Ryan (1995), S. 485

- *Mangel wissensinterpretativer Funktionen:* Die Bevorzugung von Quantität vor Qualität sowie das Fehlen einer interpretativen Funktion in KX zur Analyse und kritischen Beurteilung gespeicherter Information schwächte den organisatorischen Wissensteilungsprozeß ab, da aufgrund der nicht mehr zu bewältigenden Informationsflut relevantes Wissen nicht auffindbar und nutzbar war.

- *Mangel an Maßnahmen der Strukturierung und Konsistenz:* Das Fehlen systemweiter Richtlinien für die Formalisierung von Methoden, die Aufbereitung von Reports und die Darstellung von Konzepten und ‚Best Practices' hatte ähnliche Folgen wie der zuvor genannte Punkt, da die Identifikation relevanten Materials über mehrere Datenbanken hinweg durch unterschiedliche Darstellungsweisen erschwert wurde.

- *Mitarbeiter-Verhalten und Disziplin:* Während technologische Schwierigkeiten lösbar und prozessuale Veränderungen durchführbar erschienen, bestand eine große Herausforderung in der anhaltenden Veränderung des Mitarbeiter-Verhaltens. Es mußte erreicht werden, daß Mitarbeiter trotz des Zeitdrucks nur zukünftig auch nutzbare Erfahrungen und Informationen ablegen und dafür die richtige Stelle im KX-System wählen.

- *Technische Schwächen und Design-Schwächen:* Neben rein technischen Problemen wie dem mobilen Zugriff auf zentrale Notes-Server zeigten sich auch Design-Schwächen in Bezug auf Benutzerfreundlichkeit und intuitive Gestaltung.

5.2.2 Zweite Systemgeneration

Die Analyse der anfänglichen Mängel des Systems machte deutlich, daß das KX-System mehr als *Medium zur Organisation von Wissen* mit einer starken Orientierung an der Arbeitsweise im Beratungsgeschäft verstanden werden mußte. Die rein IT-zentrierte Sichtweise sollte demgegenüber in den Hintergrund treten. KX sollte also „eine lebende Ressource darstellen, die den Information Overload bekämpft als auch das Bedürfnis nach verwertbaren Informationen befriedigt."[290]

---

[290] Bartl (1997), o.S.

Die Anforderungen an den Entwurf des KX Systems wurden dabei wie folgt definiert:

- Gemeinsame Architektur auf Basis von Notes mit Standards und Tools für den Austausch von Wissenskapital innerhalb des Andersen-Netzwerks

- Portfolio von Anwendungen zur Verteilung und Suche von Informationen

- Kommunikations-Netzwerk zur Unterstützung von Diskussionen

- System zur Bildung einer ‚virtuellen Community', das den Mitarbeitern jederzeit und überall den Zugriff auf das gewünschte Wissen ermöglicht

5.2.2.1 Personelle Verantwortlichkeiten

Die Konzeption der ersten Systemgeneration machte deutlich, daß eine erfolgreiche organisationsweite Nutzung des Systems eine klare Definition von funktionalen und inhaltlichen Zuständigkeiten erforderte, um die Entwicklung konsistenter Wissensbasen voranzutreiben. Dementsprechend wurden sowohl zentrale Verantwortungsbereiche struktureller und inhaltlicher Art geschaffen, als auch jeweils einem Teammitglied die Verantwortung für Knowledge-Management-Aktivitäten eines Projektteams übertragen. Die enge Interaktion der verschiedenen Bereiche stellt dabei die Effizienz und Effektivität des Knowledge Managements im Unternehmen sicher.

Die folgende Tabelle 5-2 gibt einen Überblick über die personellen Zuständigkeitsbereiche des KX-Systems.

Zuständigkeit und Bezeichnung	Aufgaben
Zentrale Strukturverantwortlichkeit • Chief Knowledge Officer, Knowledge Xchange Sponsor	• Knowledge Management-Koordinationsaufgaben • Verantwortung für gesamten Umfang und Struktur des Knowledge Xchange Systems • Analyse des Unterstützungsbedarfs

• Knowledge Base Integrator,
  Knowledge Base Developer/
  Knowledge Base Administrator
	• Design und Entwicklung von Struktur, Format und Organisation der Wissensbasen
	• System-Administration und Datenbank-Betreuung: Entwicklung, Pflege und Verwaltung der Organisation und Struktur von Wissensbasen

Zentrale Inhaltsverantwortlichkeit • Knowledge Sponsor, Knowledge Integrator	• Aktive Hilfe bei der Wissensidentifikation in der kollektiven Wissensbasis (Help Desk, Hotline) • Redundanz-Vermeidung durch zentrale Koordination unterschiedlicher Wissensbasen: Rücksprache mit Dokumentautoren bei Redundanzen und Parallelitäten in neuen Informationsbeständen • Klassifikation der Dimensionen des eingespeicherten Wissens, beispielsweise nach geographischen oder branchenspezifischen Gesichtspunkten • Überprüfung der Beiträge auf Konsistenz
• Knowledge Developer, Focus Groups	• Entwicklung und Verfeinerung bestimmter Wissensinhalte, Aktualisierung der Wissensbasis • Verbreiterung der Wissensbasis in ‚Leading edge'-Technologien
Inhaltsverantwortlichkeit im Team • Knowledge Champion	• Verantwortliche Kontaktperson für alle Knowledge-Management-Aktivitäten eines Projektteams, d.h. für Nutzung und Erweiterung des Wissenskapitals • Unterstützung des Teams bei KX-Nutzung • Koordinierung, Konsistenzsicherung und Speicherung von Teambeiträgen im KX-System • Ansprechpartner im Projektteam für das Knowledge Management Team

Tabelle 5-2: Rollen und Verantwortlichkeiten des Knowledge Sharing

Quelle: Eigene Darstellung, in Anlehnung an Baubin et al. (1996), S. 141ff.;
Appel/Schwaab (1997), S. 16; Thiesse, S. 3; Angaben von Andersen Consulting

Die inhaltliche Dimensionierung der als *Cybrary* (‚library in cyberspace‛[291]) bezeichneten
Bibliothek des eigenen Wissenskapitals durch inhaltsverantwortliche Mitarbeiter galt jedoch lange Zeit als umstritten, da auf der einen Seite die Einführung von Kategorien Re-
striktionen schuf, die nach Ansicht einiger Mitarbeiter mit anspruchsvollen Suchmaschinen
vermeidbar gewesen wären, auf der anderen Seite wurde jedoch ohne Klassifikation eine
Rückkehr zur unkontrollierbaren Situation der ersten Systemgeneration befürchtet.[292]

5.2.2.2 Architektur und Infrastruktur

In technischer Hinsicht wurde das KX-System grundsätzlich in die in folgender Abbildung
5-1 dargestellten Ebenen Server-Plattform, Netzwerke, Kerndienste und Notes-Anwendungen gegliedert:

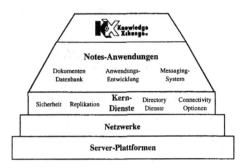

Abbildung 5-1: Technischer Aufbau des Knowledge Xchange Systems

Quelle: Angaben von Andersen Consulting

Während die mittlerweile über 600 Server[293] und Netzwerke mit der hardwarenahen Speicherung und Verteilung der Daten und Informationen die Basis des KX-Systems darstellen
und die Kerndienste die Rahmenbedingungen in Bezug auf Sicherheit, mobilen Zugriff,
Datenreplikation zwischen verschiedenen Servern und Clients sowie Schnittstellen zu an-

---

[291] Vgl. Ryan (1995), S. 484
[292] Vgl. ebenda, S. 485
[293] Stand Juni 1997, nach Angaben von Andersen Consulting

deren Anwendungen schaffen, stellt die oberste Ebene spezifische Anwendungen für Kommunikation, Information und Knowledge Management bereit.

Betrachtet man den Aufbau des Knowledge Xchange Systems jedoch mehr unter einer konzeptionellen denn rein technischen Sichtweise, stellt sich die Architektur wie in folgender Abbildung 5-2 wiedergegeben dar.

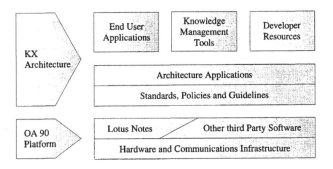

Abbildung 5-2: Knowledge Xchange System-Architektur

Quelle: Baubin et al (1996), S. 139

Ähnlich den unteren drei Ebenen vorhergehenden Abbildung stellt die *OA 90-Plattform* die technische Basis von Knowledge Xchange dar, die sowohl die Hardware, d.h. Server und Netzwerke, wie auch die Software, im wesentlichen Notes und ergänzende Applikationen von Drittherstellern, beinhaltet.

Die eigentliche KX-Systemarchitektur, setzt sich aus drei Ebenen zusammen. Die unterste Ebene definiert *Standards, Politiken und Richtlinien* (Standards, Policies and Guidelines), die die Rahmenbedingungen für die Entwicklung des Systems festlegen, um allen Benutzern die weltweite Verfügbarkeit und Funktionsfähigkeit des Systems zu gewährleisten.[294] Während Standards eindeutige Regeln darstellen, die sicherstellen, daß neue KX-Anwendungen und Server nahtlos in das System integriert werden können, spezifizieren

Politiken und Richtlinien die Implementierung dieser Standards, beschreiben also einzelne Aspekte im Zuge der KX-Anwendungsentwicklung und stellen mit einem einheitlichen ‚Look and Feel' eine konsistente Benutzungsumgebung über alle Datenbanken hinweg sicher.

Die mittlere Ebene der Architektur bilden die *Architecture Applications*, die eine Art Navigationssystem für alle Datenbanken des Systems darstellen und den Benutzer bei der Auswahl einer gesuchten Datenbank unterstützen.

Die oberste Ebene, wird durch die KX-Anwendungen gebildet. Während die *Knowledge Management Tools* Applikationen zur Weiterentwicklung des Systems beinhalten und die *Developer Resources* die entsprechenden Informationen und Datenbankschablonen dafür bereitstellen, stellen die *End User Applications* die eigentlichen management-beratungsspezifischen Anwendungen dar. Diese weltweit mehr als 2.500 Notes-Datenbanken bilden eine Infrastruktur für die Wissensidentifikation, Wissensentwicklung, Wissensspeicherung und Wissensnutzung. Sie läßt sich primär in die in folgender Abbildung 5-3 dargestellten Kategorien gliedern.

Abbildung 5-3: Knowledge Xchange Infrastruktur

Quelle: Eigene Darstellung, basierend auf Baubin et al. (1996), S. 142ff., und Angaben von Andersen Consulting

---

[294] Baubin et al. (1996), S. 140

Die Messaging-Komponenten, erweitert um sogenannte ‚Octel'-VoiceMail-Funktionalitäten zur zeitversetzten Sprachkommunikation[295], sind dabei die am stärksten genutzten Komponenten des KX-Systems. Alle anderen Endanwenderapplikationen werden den Kategorien *Kernwissen, Schlüsselelemente* und *Anwendergruppen* zugeordnet.[296]

Das *Kernwissen* umfaßt nur wenig volatile Informationen, beispielsweise Beratungsmethoden und -instrumente, industrie- und branchenspezifische Daten wie auch technologiebezogenes Wissen. Die *Schlüsselelement*-Datenbanken enthalten dagegen aktuelle Angaben über Geschäftsbeziehungen (z.b. Kundendaten), Projekterfahrungen sowie Fähigkeiten und Profile der eigenen Mitarbeiter. Die Daten beider Kategorien werden weltweit standardisiert erfaßt und bereitgestellt, während die dritte Komponente, *Anwendergruppen*, anwender-, region- und teamspezifisch ausgestaltet werden und keiner einheitlichen Strukturierung unterliegen. Die Kategorien sind jedoch nicht isoliert zu betrachten, da durch einen ständigen Austauschprozeß zwischen den Datenbanktypen die Wissensentwicklung vorangetrieben wird.

5.2.2.3 Implementierung

Eine vollständige Beschreibung der Datenbanken des Knowledge Xchange Systems kann im Rahmen dieser Arbeit nicht erfolgen. Zur Vorstellung, wie Knowledge Xchange sich aus Benutzersicht darstellt und welcher Weg bei der Implementierung der Datenbanken konkret gewählt wurde, wird in folgender Tabelle 5-3 eine Auswahl zentraler KX-Applikationen vorgestellt.

---

[295] Vgl. Baubin et al. (1996), S. 137
[296] Vgl. ebenda, S. 144

KX-Anwendung	Beschreibung
Front Page	Übergeordnete Einstiegs-Datenbank, die als Ausgangspunkt für die Suche nach Kontakten, unternehmensinternen Neuigkeiten, Wissensdatenbanken und Diskussionsdatenbanken zu einem bestimmten Thema dient
Navigator, Yellow Pages	Übergeordnete Datenbanken, die bei der Auswahl von Wissensbasen nach branchenspezifischen, fachlichen, technischen oder geographischen Gesichtspunkten sowie deren Einrichtung auf dem Notes-Arbeitsbereich des Benutzers unterstützen. Stellen ein Verzeichnis der vorhandenen Wissensbasen dar
User Conference	Online-Diskussionsdatenbank, „Virtuelles Besprechungszimmer'
AC Client Experience	Projekterfahrungs-Datenbank, deren Pflege durch Knowledge Champions vorgenommen wird
KX Library	Wissens-Repository mit Projektdaten, bspw. Präsentationsbausteinen
ENACTS Methodology	Wissens-Transfer durch Speicherung und Weitergabe von Methoden
Contact Finder	„Intelligenter Agent' zur Identifikation von Experten
DocFinder	„Intelligenter Agent' für die Offline-Suche: Suchergebnis wird per E-Mail zugesandt
Profiler	„Intelligenter Agent' verschickt automatisch Verknüpfungen zu neuen KX-Beiträgen per E-Mail

Tabelle 5-3: Eine Auswahl zentraler KX-Anwendungen

Quelle: Nach Angaben von Andersen Consulting

Weitere Anwendungen sind beispielsweise *Wissenskarten* („Knowledge Maps'), die anhand einer beschriebenen Problemstellung die Identifikation einer adäquaten Methodik und der dazu passenden Wissensdatenbank ermöglichen. Eine „Search Knowledge Map' informiert den Benutzer beispielsweise unter Angabe der organisatorischen Funktion und dem Wissensziel des Benutzers über die dafür nötige Vorgehensweise in einer entsprechenden Datenbank. Eine „Contribute Knowledge Map' bildet dementsprechend anhand der gleichen Kriterien die Handlungsschritte ab, die zur Identifikation der geeigneten Datenbank zur gezielten Erweiterung der Wissensbasen nötig sind.

Mittlerweile ist Knowledge Xchange auf weltweit mehr als 2.500 Datenbanken auf über 600 Servern angewachsen und wird von mindestens 48.000 Mitarbeitern des Unternehmens in zunehmendem Maße zur Erweiterung der individuellen und kollektiven Wis-

sensbasis genutzt.[297] Rund 80 ‚Chief Information Officers' (CIO) und eine ungleich höhere
Zahl von Administratoren sind für die Verfügbarkeit und Erweiterbarkeit sowie die Implementierung von Standards, Vorgaben und Richtlinien verantwortlich. Mit dieser Infrastruktur gerät Andersen Consulting jedoch langsam an die Grenzen der Notes-
Basistechnologie. Die Replikationstätigkeit zwischen den Servern erfordert mittlerweile
einen enormen planerischen Aufwand und ist vermehrt Störfällen ausgeliefert.[298] Die weitere Skalierung des Systems wird in Zukunft vermutlich nicht unerhebliche Kosten verur-
sachen.

5.3 Bewertung

Andersen Consulting gilt heute als einer der Pioniere im Bereich der Knowledge-
Management-Systeme. Das Unternehmen gehörte zu den ersten, die die Konzeption eines
ganzheitlichen Knowledge-Management-Systems auf Basis einer Groupware-Plattform
erfolgreich umsetzten. KX ist zu einem unverzichtbaren Werkzeug und einem zentralen
Wettbewerbsfaktor des Unternehmens geworden und ermöglicht eine nahezu vollständige
Nutzung und Multiplikation der organisatorischen Wissensbasis. Den Herausforderungen
des ‚Information overload' und der ‚Information starvation' wurde dabei erfolgreich ent-
gegengetreten.

Obwohl mit steigender Aktivität im System technische Grenzen des Wachstums langsam
absehbar sind, sollte Knowledge Xchange uneingeschränkt als ein Referenzsystem für
Knowledge-Management-Lösungen auf Basis Notes gelten. Es basiert auf einem ganzheitlichen Knowledge-Management-Konzept, dessen Implementierung nicht nur an den Be-
dürfnissen eines Teams ausgerichtete Elemente der Wissensidentifikation, Wissensentwicklung, Wissensspeicherung, Wissensnutzung und Wissensaktualisierung beinhaltet,
sondern auch von einer strategischen Ausrichtung des gesamten Unternehmens zu einer

---

[297] Stand Juni 1997, nach Angaben von Andersen Consulting
[298] Ryan spricht in diesem Zusammenhang von *Replication storms*, die durch starke Datenbankaktivitäten bei einer Gruppe von Servern ausgelöst werden und letztlich zu einer maximalen Ausla-
stung des gesamten Netzes mit Replikationstätigkeiten führt. Vgl. Ryan (1995), S. 486

‚lernenden Organisation' begleitet wurde. Jeder Mitarbeiter hat so Zugriff auf eine umfassende Wissensbasis, auf der ein neues Beratungsprojekt aufgesetzt werden kann.

Auf diese Weise ist mit Knowledge Xchange ein strategisches Instrument entstanden, das es Andersen Consulting ermöglicht, im Wettbewerb der Unternehmensberatungen den Herausforderungen der Wissensgesellschaft mit Zuversicht entgegenzusehen.

6 FAZIT UND AUSBLICK

Das Ziel der vorliegenden Arbeit war, anhand eines operativ orientierten Ansatzes des Knowledge Managements eine Brücke zur Überwindung der Lücke zwischen Theorie und Praxis mit Hilfe von Informations- und Kommunikationstechnologie zu schlagen.

Die Ausführungen haben dabei gezeigt, daß eine Vielzahl von Theorien des Knowledge Managements existiert. Es besteht daher bis heute kein Konsens darüber, welche Elemente ein ganzheitlicher Ansatz umfassen sollte und wie dies mit technologischen Mitteln zu unterstützen ist. Vielmehr stehen sich auch heute noch Psychologie, Soziologie, Informationswissenschaft und Organisationstheorie mit verschiedenen Auffassungen des individuellen und kollektiven Lernens sowie der Wissensverarbeitung gegenüber. Aus diesem Grund wurde in der Arbeit das an der *Unternehmenspraxis* orientierte Modell des Knowledge Managements von Probst für weitere Untersuchungen der technologischen Unterstützungsmöglichkeiten ausgewählt und näher beschrieben.

Anhand der darin enthaltenen Elemente Wissenszieldefinition, Wissenidentifikation, Wissensakquisition, Wissensentwicklung, Wissensdistribution, Wissensnutzung, Wissensbewahrung und Wissensbewertung wurden Interventionspunkte für ein Groupware-System untersucht. Am Beispiel *Lotus Notes* wurde dabei geprüft, inwiefern diese Produktplattform als Basis für die Entwicklung eines umfassenden Knowledge-Management-Systems dienen kann. Um die Möglichkeiten der erweiterten Nutzung von Notes für das Knowledge Management zu illustrieren, wurden zusätzlich drei auf der Plattform aufsetzende Anwendungen mit unterschiedlichen Anwendungsgebieten vorgestellt und eine Fallstudie präsentiert, die eine Referenzimplementierung eines Knowledge-Management-Systems auf Notes-Basis beschreibt.

Zusammenfassend kann gesagt werden, daß Notes eine hervorragende Plattform zur Realisierung von Knowledge-Management-Anwendungen darstellt. Soweit ein klares strategisches Konzept in Abstimmung mit einer wissensfördernden Lernkultur und Personalpolitik existiert, die Bereitschaft für organisatorische Veränderungen vorhanden ist und ein gutes Notes-Entwickler-Know-How zur Verfügung steht, kann ein sehr wirkungsvolles Werkzeug zur Erschließung der Ressource Wissen auf dieser Basis entstehen. Aber auch ohne eigene Entwicklungsarbeit kann mit Hilfe von Notes-basierten Drittprodukten eine umfassende Knowledge-Management-Lösung geschaffen werden.

Es muß jedoch nochmals betont werden, daß der Aufbau einer Wissensinfrastruktur nur Teil eines ganzheitlichen Knowledge-Management-Konzepts sein kann. Da die effiziente, systematische und schnelle Entwicklung und Nutzung der organisatorischen Wissensbestände in Zukunft einen, wenn nicht sogar den, entscheidenden Wettbewerbsfaktor darstellen wird, ist die Einbeziehung *aller* Organisationsmitglieder – vom Top-Management bis zum Arbeiter – in den Wissensteilungsprozeß von großer Bedeutung. Nur durch aktive Beteiligung jedes Einzelnen an den Knowledge-Management-Aktivitäten sowie der Ausrichtung der *Technik am Menschen* wird der Schritt zur ‚lernenden Organisation in der Wissensgesellschaft' gelingen.

LITERATURVERZEICHNIS

Ackerman, M. (1994): „Definitional and Contextual Issues in Organizational and Group Memories", URL http://www.ics.uci.edu/~ackerman/docs/hicss94/hicss94.html

Ackerman, M. (1996): „Organizational Memory", URL http://www.ics.edu/ackerman/om.html

Albrecht, F. (1993): „Strategisches Management der Unternehmensressource Wissen: inhaltliche Ansatzpunkte und Überlegungen zu einem konzeptionellen Gestaltungsrahmen", Frankfurt/Main u.a.O.

Allweyer, T. (1998): „Modellbasiertes Wissensmanagement", in: Information Management, Nr. 1/1998, S. 37-45

Appel, W./Schwaab, C. (1997): „Lotus Notes als Plattform für die Informationsversorgung von Beratungsunternehmen", Arbeitspapiere WI, Nr. 7/1997, Mainz

Bair, J. (1997): „Knowledge Network: Fulcrum's Leading Edge Technology", Interne Untersuchung der Gartner Group, USA

Bartl, R. (1997): „The value of Knowledge Management am Beispiel der Knowledge Xchange", Interne Präsentation von Andersen Consulting

Baubin, T./Wirtz, B. W. (1996): „Vorsprung durch Wissen: Jahrzehntelange Erfahrung bei Andersen Consulting", in: Schneider, U. (Hrsg.): „Wissensmanagement: Die Aktivierung des intellektuellen Kapitals", Frankfurt/Main, S. 133-146

Bender, D. (1992): „Von Metadaten zur Wissensbank" (Diss.), Berlin

Bornschein-Grass, C./Picot, A. (Hrsg.)/Reichwald, R. (Hrsg., 1995): „Groupware und computerunterstützte Zusammenarbeit – Wirkungsbereiche und Potentiale", Wiesbaden

Brookes, C. (1996): „Gaining competitive advantage through knowledge management: The grapeVINE solution", GrapeVINE Technologies Ltd., URL http://www.grapevine.com/writings/km/gaining.htm

Bullinger, H.-J./Warschat, J./Prieto, J./Wörner, K. (1998a): „Wissensmanagement – Anspruch und Wirklichkeit: Ergebnisse einer Unternehmensstudie in Deutschland", in: Office Management, Nr. 1/1998, S. 7-23

Bullinger, H.-J./Wörner, K./Prieto, J. (1998b): „Wissensmanagement - Modelle und Strategien für die Praxis", in: Bürgel, H. D. (Hrsg.) „Wissensmanagement: Schritte zum intelligenten Unternehmen", Berlin u.a.O., S. 21-39

Bürgel, H. D. (Hrsg., 1998): „Wissensmanagement: Schritte zum intelligenten Unternehmen", Berlin u.a.O., S. 41-51

Charlier, M./Henke, R./Rother, F. (1994): „Medien für die Weiterbildung: Scheibe statt Flug", in: Wirtschaftswoche, Nr. 48/1994, S. 120-122

Coleman, D./Khanna, R. (1995): „Groupware: technology and applications", Upper Saddle River

Davenport, T.H. (1996): „Some Principles of Knowledge Management",
URL http://knowman.bus.utexas.edu/pubs/kmprin.htm

Davenport, T.H./Prusak, L. (1998): „Working Knowledge", Boston

Delphi (1997): „Delphi on Knowledge Management: Research & Perspectives on Today's Knowledge Landscape", Delphi Group, USA,
URL http://www.delphigroup.com/pubs/sample/KM-HIGHLIGHT-1997-11.PDF

Dennig, J./Kossow, R./Wege, J./Neumann, W. (1993): „Lotus Notes: Konzepte und Strategien", Düsseldorf u.a.O.

Dier, M./Lautenbacher, S. (1994): „Groupware: Technologien für die lernende Organisation; Rahmen, Konzepte, Fallstudien", München

Dierker, M./Sander, M. (1996): „Lotus Notes 4.x: Arbeiten im Team", Bonn

Falkner, M. (1996): „How to Plan, Develop and Implement Lotus Notes in Your Organization", New York

Fochler, K./Primoz, P./Ungermann, J. (1997): „Lotus Domino 4.5: Internet- und Intranetlösungen mit dem Lotus Domino-Server", Bonn

Fohmann, L. (1990): „Wissensmanagement ist ein Schlüssel zum Unternehmenserfolg", in: Computerwoche, Nr. 20/1990, S. 8

Friedrich, J./Rödiger, K.-H. (Hrsg., 1991): „Computergestützte Gruppenarbeit (CSCW)", Stuttgart

Güldenberg, S. (1997): „Wissensmanagement und Wissenscontrolling in lernenden Organisationen: ein systemtheoretischer Ansatz", Wiesbaden

Hohl, H. (1995): „Entwurf und Einsatz wissensbasierter Werkzeuge zur computergestützten Exploration von Informationsräumen" (Diss.), Stuttgart

ILOI (1997): „Knowledge Management: Ein empirisch gestützter Leitfaden zum Management des Produktionsfaktors Wissen, Zusammenfassung des Studienberichts", Internationales Institut für Lernende Organisation und Innovation (ILOI), München

Infoworld (1997): „grapeVine solution: The components", InfoWorld Publishing Company, URL http://www.infoworld.com/cgi-bin/displayTC.pl?/971117sb1-grapevine.htm

Khoshafian, S./Buckiewicz, M. (1995): „Introduction to Groupware, Workflow and Workgroup Computing", USA

Koch, O./Kuppinger, M. (1995): „Lotus Notes: Grundlagen und Fallbeispiele; Workgroup Computing in Unternehmen und Markt", Haar bei München

Krcmar, H. (1992): „Computerunterstützung für die Gruppenarbeit - zum Stand der Computer Supported Cooperative Work Forschung", in: Wirtschaftsinformatik, Nr. 4, 34. Jg., S. 425-437

Lehner, F./Dustdar, S. (Hrsg., 1997): „Telekooperation in Organisationen", Linz

Lehner, F./Maier, R./Klosa, O. (1998): „Organisational Memory Systems: Applications of Advanced Database & Network Technologies in Organisations", Regensburg

Lotus (1996): „Distributed Learning: Approaches, Technologies and Solutions", White Paper,
URL http://www.lotus.com/services/institute.nsf/550137bfe37d25a18525653a005e8462/0000223e

Lotus (1998a): „Knowledge Management Core Theme at Lotusphere 98",
Pressemitteilung der Lotus Development Inc. vom 27.1.1998,
URL http://www.lotus.com/news/topstories.nsf/ac19fef1dbcaa56b85256592006a21b7/0000231e

Lotus (1998b): „White Paper: Lotus, IBM and Knowledge Management", Lotus Development Corp., URL ftp://ftp.lotus.com/pub/lotusweb/corp/km.lwp

Maier, R. (1997): „Management of the Organizational Memory Environment", Internes Arbeitspapier, Lehrstuhl für Wirtschaftsinformatik III, Universität Regensburg

Mattheis, C. (1997): „SNI-Mitarbeiter lernen im ‚CBT-Supermarkt'", in: Computerwoche, Nr. 46/1997, S. 57-58

Meyer zu Selhausen, H. (1996): „Informationsfluß-Management in der Bank", in: ik report Zeitschrift zum Informationswesen der Kreditwirtschaft, Frankfurt/Main, S. 10-23

Möhrle, M. (1996): „Betrieblicher Einsatz computerunterstützten Lernens: Zukunftsorientiertes Wissens-Management im Unternehmen", Braunschweig, Wiesbaden

Nonaka, I. (1992): „Wie japanische Konzerne Wissen erzeugen", in: Harvard Manager, 14. Jg., Heft 2/1992

Nonaka, I./Takeuchi, H. (1997): „Die Organisation des Wissens - Wie japanische Unternehmen eine brachliegende Ressource nutzbar machen", Frankfurt/Main, New York

o.V. (1998a): „Lotus Domino Designer mit Java-Funktionen", in: PC-Welt-News vom 17.2.1998, URL http://www.pcwelt.de

o.V. (1998b): „Lotus vollzieht in Notes 5 radikale Wende bei Clients: Weitgehende Umstellung auf Internet-Standards," in: Computerwoche, Nr. 6/1998, S. 27-28

o.V. (1998c): „Lotus strotzt vor Selbstbewußtsein", in: Heise Newsticker vom 19.2.1998, URL http://www.heise.de/newsticker/

Oelze, J. (1997a): „Mit Lernen im Netz zum lernenden Unternehmen", in: Computerwoche, Nr. 46/1997, S. 60

Oelze, J. (1997b): „LearningSpace – Lernen im Netz", in: notes magazin, Nr. 6/1997, S. 33-40

Österle, H./Vogler, P. (1996): „Praxis des Workflow-Managements – Grundlagen, Vorgehen, Beispiele", Braunschweig

Ott, M./Nastansky, L. (1997): „GroupOrga: Organisationsdesign im Team", in: Lehner, F./Dustdar, S. (Hrsg.): „Telekooperation in Organisationen", Linz, S. 79-98

Palass, B. (1997): „Zug um Zug", in: Manager Magazin, Nr. 10/1997, S. 154-162

Pautzke, G. (1989): „Die Evolution der organisatorischen Wissensbasis. Bausteine zu einer Theorie des organisatorischen Lernens" (Diss.), München

Petrovic, O. (1993): „Workgroup computing – computergestützte Teamarbeit: infomationstechnologische Unterstützung für teambasierte Organisationsformen", Heidelberg

Pleiss, C./Kreutner, U. (1991): „Zur Bedeutung psychologischer Arbeitsanalyse für die Gestaltung computerunterstützter Zusammenarbeit", in: Friedrich, J./Rödiger, K.-H. (Hrsg.): „Computergestützte Gruppenarbeit (CSCW)", Stuttgart, S. 95-106

Pool, D. (1998): „Aus dem Anwender wird ein Content-Manager", in: Computerwoche, Nr. 2/1998, S. 8

Probst, G. (1997): „Wissen managen: wie Unternehmen ihre wertvollste Ressource optimal nutzen", Wiesbaden

Probst, G./Büchel, B. (1994): „Organisationales Lernen: Wettbewerbsvorteil der Zukunft", Wiesbaden

Rehäuser, J./Krcmar, H. (1996): „Wissensmanagement im Unternehmen", in: Schreyögg, G./Conrad, P. (Hrsg): „Wissensmanagement", Berlin, S. 1-40

Romhard, K. (1997): „Process of knowledge preservation: Away from a technology dominated approach. Input Paper for the 21st annual meeting of the DFKI", Freiburg, URL http://www.dfki.uni-kl.de/~aabecker/Freiburg/Final/Romhardt/romhardt.ps

Röpnack, A. (1997): „Information Management versus Knowledge Management - ein Vergleich", Internes Arbeitspapier der Hochschule St. Gallen

Ruggles III, R. L. (1997): „Tools for Knowledge Management", in: Ruggles III, R. L. (Editor): „Knowledge Management Tools", Newton, S. 1-8

Ruggles III, R. L. (Editor, 1997): „Knowledge Management Tools", Newton

Ryan, H.W. (1995): „Building computing solutions with the team metaphor", in: Coleman, D./Khanna, R. (1995): „Groupware: technology and applications", Upper Saddle River, S. 477-495

Schäfer, M./Schnauffer, H.-G. (1997): „Konkurrenz behindert die Kommunikation: Profit-Center oder Knowledge-Team?", in: Office Management, Nr.10/1997, S. 17-22

Schmitz, C./Zucker, B. (1996): „Wissen gewinnt: Knowledge-Flow-Management", Düsseldorf, München

Schneider, U. (Hrsg., 1996): „Wissensmanagement: Die Aktivierung des intellektuellen Kapitals", Frankfurt/Main

Schreyögg, G./Conrad, P. (Hrsg., 1996): „Wissensmanagement", Berlin

Schüppel, J. (1996): „Wissensmanagement: Organisatorisches Lernen im Spannungsfeld von Wissens- und Lernbarrieren" (Diss.), Wiesbaden

Stein, E.W./Zwass, V. (1995): „Actualizing Organizational Memory with Information Systems", in: Information Systems Research 6, S. 85-117

Teufel, S. (1996): „Computerunterstütze Gruppenarbeit - eine Einführung," in: Österle, H./Vogler, P.: „Praxis des Workflow-Managements – Grundlagen, Vorgehen, Beispiele", Braunschweig

Thiemann, U. (1997): „Unternehmensweites Wissensmanagement und ‚Knowledge Retrieval'-Umgebungen", noch unveröffentlichter Artikel, erscheinend in: IM Information Management & Consulting, Jg. 13 (1998)

Thiesse, F. (1997): „Wissensmanagement: Marktübersicht Berater und Software", Internes Arbeitspapier des Instituts für Wirtschaftsinformatik, Hochschule St. Gallen

Wargitsch, C./Wewers, T./Theisinger, F. (1997): „WorkBrain: Merging Organizational Memory and Workflow Management Systems", Erlangen

Wilmes, J. (1995): „Entwicklung lern- und innovationsfähiger Organisationen durch Groupware-basierte Informationssysteme" (Diss.), Kassel

Wilmes, J. (1997): „Wissen und Kreativität als Waffen im Wettbewerb", in: notes magazin, Nr. 6/1997, S. 36-38

Zahn, E. (1998): „Wissen und Strategie", in: Bürgel, H. D. (Hrsg.) „Wissensmanagement: Schritte zum intelligenten Unternehmen", Berlin u.a.O., S. 41-51

Diplomarbeiten Agentur

Die Diplomarbeiten Agentur vermarktet seit 1996 erfolgreich
Wirtschaftsstudien, Diplomarbeiten, Magisterarbeiten, Dissertationen
und andere Studienabschlußarbeiten aller Fachbereiche und Hochschulen.

Seriosität, Professionalität und Exklusivität prägen unsere Leistungen:

- Kostenlose Aufnahme der Arbeiten in unser Lieferprogramm
- Faire Beteiligung an den Verkaufserlösen
- Autorinnen und Autoren können den Verkaufspreis selber festlegen
- Effizientes Marketing über viele Distributionskanäle
- Präsenz im Internet unter **http://www.diplom.de**
- Umfangreiches Angebot von mehreren tausend Arbeiten
- Großer Bekanntheitsgrad durch Fernsehen, Hörfunk und Printmedien

Setzen Sie sich mit uns in Verbindung:

Diplomarbeiten Agentur
Dipl. Kfm. Dipl. Hdl. Björn Bedey –
Dipl. Wi.-Ing. Martin Haschke ——
und Guido Meyer GbR ———

Hermannstal 119 k ———
22119 Hamburg ———

Fon: 040 / 655 99 20 ———
Fax: 040 / 655 99 222 ———

agentur@diplom.de ———
www.diplom.de ———